Une éthique au risque de l'Évangile

DU MÊME AUTEUR

Ouvrages destinés à un large public :

Repères éthiques pour un monde nouveau, Salvator, 7e édition, 1992, 166 p. (traduit en italien, portugais, espagnol) : des repères pour la vie sexuelle et affective.

Vie sexuelle et vie chrétienne, Mame, 1982, 64 p. (traduit en italien).

Les péchés, que peut-on en dire ?, Salvator, 1983, 80 p. (traduit en italien, espagnol, portugais, anglais).

La bioéthique, début et fin de vie, Centurion, 1989, 126 p. (traduit en italien et en espagnol) : une réflexion sur les procréations médicalement assistées, sur le soulagement des souffrances en fin de vie, sur l'euthanasie.

Souffrance, bonheur, éthique ; conférences spirituelles, Salvator, 1990, 128 p. (traduit en italien) : comment donner sens à sa vie dans les temps de souffrance, comment concevoir le bonheur.

Ouvrages spécialisés :

Homosexualités masculines et morale chrétienne, Cerf, 1985, 326 p. (traduit en italien).

Compter sur Dieu ; études de théologie morale, 2e édition, Cerf, 1993, 315 p.

En collaboration :

X. Thévenot, J. Joncheray et al., *Pour une éthique de la pratique éducative*, Desclée, 1991.

Xavier Thévenot

Une éthique au risque de l'Évangile

Entretiens avec Yves de Gentil-Baichis

DESCLÉE DE BROUWER / CERF

76 *bis*, rue des Saints-Pères, 75007 Paris
ISBN 2-220-03450-X

Avant-propos

Étrange époque ! Nous ne manquons pas de discours pessimistes sur la perte du sens moral et l'affaiblissement des valeurs, et pourtant, jamais on n'a entendu parler aussi souvent de la nécessité de normes éthiques.

Dans de nombreux domaines, en effet, l'homme d'aujourd'hui est dépourvu de repères, tellement les évolutions sont rapides. Le médecin, l'homme politique, le magistrat, le journaliste sont confrontés à des problèmes nouveaux et complexes. Faut-il prolonger ce grand malade ? Hâter sa fin ? Que faire en cas de prise d'otage ? Doit-on licencier une partie du personnel pour sauver l'emploi des autres ? Comment faire face aux attentats terroristes ? Est-il nécessaire d'arrêter le commerce des armes ? A-t-on le droit de tout dire au nom de la liberté de l'information ? Faut-il poursuivre les recherches sur l'embryon humain ? etc.

Quelques questions difficiles parmi beaucoup

d'autres, pour lesquelles les réponses ne sont inscrites dans aucun livre du maître. Nos contemporains doivent donc faire des choix en trouvant des solutions, parfois inédites. Il n'existe, en effet, aucun prêt à porter des choix moraux.

Mais parce qu'elle nous oblige à être inventif dans l'exercice de nos responsabilités, la morale n'est pas cet ensemble triste et compassé d'interdits qui brimeraient l'homme. C'est au contraire l'acte le plus noble d'une liberté qui recherche le bien. C'est ce que l'on découvre en dialoguant avec le père Xavier Thévenot, connu pour ses nombreux ouvrages de théologie morale.

Comme théologien, il donne l'éclairage de la foi sur la démarche de tout homme, mais il a le sens de la personne concrète qui cherche à se repérer dans le clair-obscur d'une existence ambiguë.

Les réflexions de Xavier Thévenot ne sont donc jamais surplombantes car il sait qu'en l'homme, raison, affectivité et tendances inconscientes se mêlent inextricablement. C'est à cet homme-là, fait de chair, d'intelligence et de sang qu'il s'adresse et non à l'homme « tel qu'il devrait être » décrit par Corneille.

En termes très simples, accessibles à nos contemporains, Xavier Thévenot aborde les questions difficiles des rapports entre la loi et la liberté, les commandements et la conscience. Il n'oppose pas morale humaine et morale religieuse mais permet de percevoir comment elles se situent l'une par rapport à l'autre sans entrer en concurrence. Il donne le vrai sens de la morale chrétienne : non pas un corset rétro-

grade suscitant les sarcasmes de l'opinion, mais l'accomplissement de l'homme dans sa relation à Dieu.

Bref, un grand souffle de liberté anime la démarche de Xavier Thévenot. Une liberté qui, loin d'éloigner l'homme de Dieu, l'en approche car elle le fait partenaire.

Yves de Gentil-Baichis

1

L'émergence des interrogations morales

Y.G.-B. — *Aucun journaliste n'a enregistré la formulation des premières questions morales. Mais selon vous, comment sont nées les interrogations éthiques ? Que s'est-il passé dans la conscience humaine pour que l'homme en vienne à se demander, non plus comment agir, mais s'il était bon d'agir de telle ou telle manière ?*

X.T. — Je crains que l'on ne puisse répondre convenablement à votre question, d'un point de vue anthropologique. Il faudrait pouvoir décrire avec précision le passage entre l'animal et l'homme. L'animal est préréglé par un ensemble d'instincts qui déterminent à l'avance ses conduites, spécialement dans le domaine de l'agressivité et de la sexualité. Or l'évolution du cerveau a permis à l'homme de desserrer peu à peu l'étau des comportements prédéterminés, laissant ainsi le champ à la possibilité d'une liberté, certes conditionnée, mais réelle. La distinction essentielle entre l'homme et l'animal est assez bien évoquée par cette définition, qui ne manque pas d'humour, rappelée par Franck Tinland, anthropologue de Strasbourg : « L'homme est cet être vivant qui est propre à tout et bon à rien ! »

— *Quel sens donnez-vous exactement à cette formule ?*

— L'homme est « bon à rien » car, à sa naissance, il ne sait presque rien faire ; il n'est spécialisé, à la différence par exemple d'une fourmi, que pour très peu de comportements. Il doit apprendre énormément de choses, grâce à son environnement culturel. Mais il est « propre à tout », du moins à un grand nombre de conduites, car avec sa liberté, il peut s'adapter, inventer et créer. Aussi va-t-il être obligé d'apprendre à réguler ses relations avec la nature et avec les autres. Notamment, il va devoir contrôler deux réalités fondamentales qui le structurent : la sexualité et l'agressivité ; cela afin de permettre à la fois la sauvegarde de l'individualité de chacun et le vivre ensemble. Or la régulation de ces deux réalités n'est pas chose aisée, comme nous le rappellent les anthropologues. La violence est toujours prête à se réveiller. Si donc les hommes veulent continuer à communiquer, il leur faut absolument maintenir cette violence dans une proportion supportable. C'est ce qui sera fait d'une part grâce à la mise en place d'interdits qui indiquent des impasses pour l'épanouissement individuel et social, et d'autre part grâce à la valorisation de certaines conduites permettant une expression particulièrement riche de la liberté et un « vivre ensemble » harmonieux entre les humains.

— *Est-ce à ce niveau que se situe la démarche morale ?*

— Pour une part, du moins, car la morale est cet ensemble de règles, d'interdits, de repères, de valeurs, qui permettent à l'être humain de trouver peu à peu, et librement, des chemins d'humanisation et de bonheur. Je dirais que la morale, c'est finalement ce à quoi le genre humain s'oblige quand il veut donner sens à sa vie. L'individu refuse alors la violence, n'acceptant ni de dévorer l'autre, ni de se laisser absorber par lui, renonce à s'enfermer dans l'isolement de son quant à soi, et cherche à entrer dans le jeu de la communication. Dès lors qu'il choisit ce renoncement à la violence mortifère, et qu'il veut donner sens à son existence, il ne peut plus faire n'importe quoi. C'est là précisément que surgissent les interdits et les valeurs.

— *Quels sont les principaux interdits qui permettent de ne pas s'isoler de son environnement humain ?*

— Celui de l'inceste, d'abord, qui interdit de fusionner avec son origine. Par exemple, le désir mimétique du petit garçon qui veut s'approprier la femme de son père est source d'une intense violence. Cet interdit permet donc de réguler la quête de l'enfant et l'oblige à prendre des distances par rapport à sa mère, à rencontrer l'étrangère ou l'étranger, et à se lancer ainsi dans l'aventure d'un désir ouvert sur autrui et bien « instruit » par le contact avec les limites de la réalité.

L'interdit de l'assassinat, ensuite : « Tu ne tueras pas » ; ce qui signifie de façon plus large : « Tu ne tueras pas ce qui grandit l'homme, ses capacités d'expression, de création, d'admiration, etc. »

L'interdit du mensonge, enfin, qui s'oppose à la perversion du support langagier de la communication, et maintient la possibilité de se fier en l'autre.

Tout cela a probablement pris forme au fur et à mesure que la conscience humaine se développait, et ces interdits ont constitué des repères, entre autres, en se combinant avec la reconnaissance des trois grands rocs de la réalité sur lesquels se construit toute vie humaine. Celui de la différence des sexes d'abord, car on est résolument homme ou femme. Celui de la différence d'espace ensuite. Et enfin, celui de la différence de temps. Ce dernier est peut-être le plus difficile à assumer. Comme le dit la Bible, il y a un temps pour tout : un temps pour aimer, un temps pour travailler, un temps pour pleurer... ; et chacun sait que l'on n'a jamais fini de se battre avec la reconnaissance des effets de la temporalité !

Ces trois rocs de la réalité définissent pour l'essentiel l'identité d'une personne, comme le suggère d'ailleurs la carte d'identité nationale, puisque celle-ci identifie chaque individu par son sexe, ainsi que par son lieu et sa date de naissance.

— La morale s'est donc constituée peu à peu à partir d'interdits, de valeurs, et de repères ?

— Oui, elle n'est pas tombée toute constituée du ciel. Elle s'est élaborée progressivement comme un système complexe qui a permis d'organiser la survie des groupes humains. Mais elle ne se contente pas de permettre la survie, elle promeut aussi la joie de vivre entre les individus d'une communauté.

— Mais n'assiste-t-on pas aujourd'hui à une remise en question des trois rocs de la réalité humaine ?

— En effet, notre culture remet en cause le rapport homme-femme dans sa conception traditionnelle, bousculant ainsi le roc de la réalité sexuelle. Le temps lui-même est bouleversé, car dans notre société de consommation, de zapping et d'extrême rapidité, on construit beaucoup autour de l'éphémère. C'est pourquoi le temps, pour nos contemporains, doit se présenter comme intense et hyper-rentable. Inversement, tout paraît s'écrouler quand le chômage semble mettre quelqu'un hors-temps. Enfin, le rapport à l'espace est lui-même modifié. Autrefois, on distinguait l'espace proche (le village) et l'espace étranger, le reste du monde. Aujourd'hui le monde est devenu un grand village puisque en quelques heures, on peut se retrouver dans une culture radicalement différente. Bref, les trois rocs de la réalité, dont la reconnaissance est probablement une des origines de la structuration morale, étant bouleversés, on comprend que surgissent de nouvelles interrogations éthiques.

— *Mais alors comment définissez-vous la vie morale ?*

— On pourrait dire que la vie morale, c'est l'art de faire face à la violence et à la pression de l'absurde, pour faire surgir le sens. A cet égard, le récit de création selon la Genèse (Gn 2-3) offre matière à réflexion. Dès le départ de l'existence humaine, Dieu y est décrit comme posant un interdit afin que l'homme ait un rapport sain à la nature, et à autrui. La consommation de quasiment tous les fruits du jardin d'Éden est permise, sinon Dieu serait un castrateur ! Cependant l'un de ces fruits est interdit, celui de la toute-puissance, car vouloir se l'approprier, ce serait dénier la condition humaine et donc tomber dans une impasse mortifère. La Bible rappelle ainsi que le désir, pour être maintenu dans sa vérité, doit être expérience d'un manque, mais expérience qui tout en creusant l'être humain, l'apaise, car elle permet la joyeuse rencontre d'autrui. On voit donc à quel point le message biblique est chargé d'une vérité que les anthropologues redécouvrent aujourd'hui par d'autres chemins, et explicitent en évoquant les interdits fondateurs de la morale.

— *Vous avez évoqué l'interdit du mensonge qui paraît incontournable ?*

— Oui, car la communication est impossible si tout

le monde ment. Il est vrai que les cultures n'affirment pas toutes la vérité de la même manière. Certaines, en particulier en Occident, le font plus directement, sinon plus brutalement que d'autres. Mais chaque culture a un code pour énoncer la vérité et faire savoir que l'on ne ment pas. L'important est que dans le même groupe humain on se réfère au même code. La vie morale, c'est-à-dire l'existence qui cherche à devenir pleinement humaine, consiste à vouloir communiquer en vérité pour vivre suivant la logique de l'amour (l'*agapè*). Or la communication n'est possible que si d'abord on se respecte mutuellement et si le mensonge ne pervertit pas le support de la communication. Par exemple, si je mentais de temps en temps au cours de cet entretien, le lecteur ne pourrait plus communiquer avec moi. A tout moment, il pourrait se défier de mes propos, se demandant si je le manipule ou si je l'aide à structurer sa pensée. Donc l'interdit du mensonge est le passage obligé d'une communication dans laquelle on se fie à l'autre. Autrement dit, l'aspect positif de cette interdiction est la possibilité de faire confiance. On pourrait formuler l'exigence suivante : « Agis de façon telle qu'on puisse se fier à ta parole. » En réalité, il n'est de vie morale, que basée sur un acte de foi.

— *Il ne s'agit pas là de foi religieuse ?*

— Non, même si cela ne l'exclut évidemment pas. C'est un acte de foi en soi-même, en la vie et en l'autre. La morale c'est ce à quoi je m'oblige quand je décide de me fier en la vie, malgré les démentis que m'apportent la souffrance et le mal. Il arrive parfois, en effet, que l'on pense avoir eu tort de se fier à la vie, tant l'existence quotidienne est frustrante ou pénible. La vie morale est aussi l'expression d'un acte de foi en l'homme par-delà les démentis apportés par les excès de la liberté humaine quand celle-ci cherche à dominer ou à exploiter l'autre. Elle repose donc sur une décision d'espérer, car je ne peux jamais savoir à l'avance si j'ai raison de me fier à la réalité humaine. Mais c'est en vivant cette confiance que je découvre progressivement que s'engager dans cette foi en l'autre et en moi-même, structure réellement mon existence.

— *Pouvez-vous illustrer cela par un exemple tiré de la vie quotidienne ?*

— Prenons l'exemple du mariage qui met en relation intime deux personnes. Celles-ci sont habitées par de multiples désirs dans le domaine de la sexualité, de l'exercice du pouvoir, du rapport à l'argent, de l'agressivité, etc. Ces désirs peuvent pour une part contribuer à l'édification de leur lien conjugal, mais pour une autre part, ils sont source de violence, de jalousie, de conflits, bref de désordre. Il est déraisonnable de croire que la seule spontanéité des requêtes personnelles va permettre de réguler le jeu relationnel. D'autant plus que les personnes ne sont pas des individus habitant une île déserte, mais des membres d'une société qui a ses propres exigences pour vivre dans la concorde. Aussi la décision de vivre ensemble, pour être morale, va-t-elle devoir prendre acte avec réalisme, et des tendances constructives des désirs, et de leurs tendances destructives. Elle devra aussi prendre en compte la dimension sociale de la vie conjugale, et ne pas s'enfermer dans l'illusion de l'intimisme. C'est pourquoi les deux conjoints échangent un oui solennel prenant à témoin la société. C'est un acte mutuel de foi entre deux personnes qui se savent membres d'une société, qui le disent et le célèbrent. C'est aussi un acte d'espérance en la vie, et en ceux et celles qui chemineront avec le couple. La société devient alors garante de ce oui, et s'engage à aider le couple à réguler le jeu des désirs mutuels dans leur complexité, afin d'éviter la violence et de contribuer à la joie de vivre. On voit combien le mariage constitue un acte profondément moral.

— Ainsi, la vie morale intègre toujours une forme de pari sur l'avenir ?

— En effet ! Dans une décision morale, il y a toujours une sorte de saut dans l'inconnu. Peut-être est-ce l'une des raisons pour lesquelles les couples ont aujourd'hui tant de mal à entrer dans le mariage, c'est-à-dire à prononcer un oui durable dans la confiance en l'autre : « Je crois suffisamment en toi pour penser que ta fidélité envers moi contribuera à me rendre fidèle envers toi. »

— Même si cet acte de foi n'est pas religieux, n'y a-t-il pas une analogie entre la vie morale et la vie chrétienne ?

— De fait, la vie chrétienne se fonde aussi sur un acte de foi. Mais c'est un acte de foi en Dieu, en ce Dieu qui s'est révélé en Jésus-Christ. C'est aussi un acte de confiance dans les témoins qui nous ont parlé de lui : saint Pierre, saint Paul, les apôtres, les évangélistes... Cette foi exprime, entre autres, la certitude intérieure que Dieu est avec nous, qu'il nous aide à vivre suivant la logique de son amour dans les conflits du quotidien, et qu'il peut faire naître la vie, même à partir de ce qui n'est que cris et conflits.

— Plusieurs fois vous avez dit que la morale cherchait à rendre heureux. Or c'est une vision qui surprend, car on a plutôt l'habitude de percevoir la morale comme un ensemble d'interdictions qui ne mènent guère vers le bonheur.

— Il faut partir d'un constat fait par le philosophe Éric Weil : l'homme se sait malheureux, même s'il ne sait pas très bien de quoi serait fait exactement son bonheur. Tout être humain, en effet, se sent quelque peu écartelé entre le « déjà-là » de sa façon actuelle d'être et de vivre, et un « pas-encore-là » qu'il juge souhaitable d'acquérir pour diminuer cet écartèlement. C'est particulièrement vrai dans notre société où l'on est saisi par l'aspect tragique de la vie sociale à cause du chômage et des drames internationaux. Or tout être humain cherche à apaiser sa tension intérieure. Il quête une réconciliation interne ; autrement dit, il cherche le bonheur, cette réconciliation enfin totalement accomplie.

Le thème du bonheur en morale n'est pas nouveau, car beaucoup de grands philosophes depuis Aristote, et de grands théologiens, dont saint Thomas, ont insisté sur le fait que toute vie morale est quête du bonheur. Ce dernier est à concevoir comme l'horizon de la vie, beaucoup plus que comme une réalité que l'on pourrait détenir ici-bas de façon définitive. Grâce à cet horizon, je peux me diriger en donnant sens à mon existence. Le bonheur, j'en ai donc une certaine perception, car je l'expérimente déjà partiellement ; mais en sa plénitude, je ne sais pas encore très bien ce qu'il est vraiment. En tout cas, la perception partielle que j'en ai relance mon désir, en me suggérant que je peux être plus réconcilié avec moi-même et avec autrui. Le bonheur est donc l'horizon dernier de nos vies. Les théologiens parleraient de l'horizon « eschatologique », pour signifier qu'il ne sera atteint que dans l'au-delà.

— *Mais ici-bas, est-on condamné à n'en goûter que quelques miettes ?*

— Non, car de très intenses et très longues expériences de paix et de joie sont accessibles dès maintenant. Mais elles diffèrent du bonheur qui évoque, lui, une expérience sans failles. La paix, c'est cet état intérieur qui surgit quand on a construit quelque chose qui va vraiment dans le sens de notre humanité, quand on a le sentiment d'avoir fait son métier d'homme et de femme. On se sent alors dans la paix, même si celle-ci est le résultat d'une action coûteuse.

— *Par exemple ?*

— Je pense au militant qui se bat dans une entreprise pour obtenir plus de justice. C'est parfois difficile, mais il éprouve de la paix car il a conscience de faire son métier d'homme en vérité. Pensons aussi à l'alcoolique qui essaye de rompre sa dépendance par rapport à l'alcool. Il souffre certes du travail parfois héroïque à faire sur lui-même, mais au plus profond de sa personne, il éprouve de la paix car il a le sentiment de croître en humanité. Cette expérience de la paix n'est pas fugitive ; on peut rester en paix pendant des semaines et des mois. Tous les grands saints nous montrent que, plus ils avancent dans l'accueil du Royaume, plus ils se laissent travailler par la sainteté de Dieu, plus ils acquièrent la paix. Cela est vrai, même s'ils connaissent des ennuis et des épreuves. Il arrive en effet que leur générosité dérange et suscite des oppositions !

— *L'expérience de la joie ne semble pas aussi durable dans le temps.*

— Oui, la joie est une sorte d'excès où, tout d'un coup, on prend conscience que la vie est extraordinairement gratifiante. Soudainement, ce que je vis surpasse en quelque sorte ce que j'espérais. Dans l'expérience de la joie, le corps lui-même se met à vibrer et participe à la certitude que la vie est gratifiante, prometteuse, et qu'on a eu raison d'accomplir l'acte moral qui en est l'occasion. Paix et joie sont donc à la fois des fruits de la vie morale, et des socles sur lesquels je fonde ma décision de continuer à poser des actes moraux. Aussi est-il important, et c'est même un devoir, de rendre possible la joie de l'autre.

— *Mais l'entreprise n'est pas toujours facile.*

— Il ne s'agit pas de vouloir rendre l'autre joyeux, malgré lui ! Cela reviendrait à se croire tout puissant sur autrui, à vouloir se mettre à sa place, et à chercher à provoquer sa joie de force. Ce qui serait immoral ! La joie ne peut être que l'expérience du sujet dans l'intimité de sa liberté. Mais j'ai le devoir de rendre la joie de l'autre possible en ne mettant pas sur sa route des obstacles qui l'écrasent. Je dois contribuer pour une part à lui donner des possibilités relationnelles, professionnelles, économiques, culturelles ou familiales qui lui permettent d'expérimenter la paix et la joie et de continuer sa construction personnelle. Mais attention, paix et joie ne sont pas des réalités absolues. Elles ne sont pas encore le bonheur, même si l'une et l'autre sont travaillées par le bonheur comme horizon de sens. Grâce à elles, je pressens que le bonheur existe. Elles m'aident donc à me relancer dans l'effort éthique. Mais paix et joie ont encore, pour ainsi dire, une certaine saveur d'inachevé. Impossible dès lors d'en rester là. En un sens, on peut affirmer que paix et joie sont des apaisements qui creusent le désir. Les grands mystiques, Jean de la Croix, Thérèse d'Avila, François de Sales, Thérèse de Lisieux, et beaucoup d'autres encore, l'ont bien expérimenté. Ils ont vécu de telles expériences d'apaisement qui relance le désir, leur prouvant que Dieu n'a rien d'un législateur qui enfermerait la personne humaine dans un quadrillage d'interdits. Dans de telles expériences, Dieu leur apparaissait comme ce qu'il est vraiment : un Père cherchant à faire expérimenter une joie qui invite à croître encore plus en humanité et à devenir plus solidaires des petits, plus justes, davantage capables d'aimer.

— *On a aujourd'hui une étrange impression en observant la société contemporaine. On entend beaucoup de jérémiades sur les nouvelles générations qui n'ont plus de sens moral, et en même temps on n'a jamais autant parlé de la nécessité d'une éthique. Comment peut-on expliquer ce mélange de peur de perdre la morale et le désir d'une éthique ?*

— Pour mieux voir clair dans ces réactions de nos contemporains, il faut distinguer trois termes : l'éthos, la morale et l'éthique. L'*éthos* se définit, selon les sociologues, comme un conglomérat d'évidences, de symboles, de mythes, de valeurs et de pratiques qui, dans une société, influencent la vie des individus, le plus souvent malgré eux. Ainsi, selon l'éthos des années trente, on estimait qu'une jeune fille devait arriver vierge au mariage. On insistait aussi sur des valeurs telles que l'honnêteté dans le travail, et on réprouvait vigoureusement la tricherie aux examens... Sur le plan religieux, la pratique sacramentelle était forte et le militantisme des mouvements d'Action Catholique très développé. L'éthos est donc constitué par une série d'évidences dont nous n'avons pas toujours conscience et qui imprègnent spontanément une société. Mais aujourd'hui l'éthos a considérablement changé. Selon beaucoup de nos contemporains, il est souhaitable d'arriver non vierge au mariage. Les rites et symboles religieux s'estompent et de nouveaux symboles essaient tant bien que mal de se reconstituer, par exemple autour des Jeux Olympiques. Quant aux valeurs, ce qui prime, ce n'est plus du tout l'honnêteté dans le travail et les examens, mais plutôt la réussite sociale ou encore le souci de l'humanitaire.

La morale, elle, n'est pas un conglomérat mais un ensemble organisé et réfléchi, de préceptes, de valeurs, d'interdits, de modèles. Et dans notre société, il n'y a pas une seule morale mais plusieurs. Quant à *l'éthique*, le terme est très discuté et le vocabulaire n'est pas bien fixé. Pour certains, c'est la science qui prend les morales comme objet d'étude. Et pour bien manifester cette volonté scientifique, quelques spécialistes utilisent le mot « éthicologie ». Mais pour d'autres, comme Paul Ricœur qui fait autorité en la matière, l'éthique désigne la visée de la liberté, qui précède l'imposition des interdits et des normes. C'est le mouvement même de la liberté qui cherche une vie bonne, dans la sollicitude envers autrui, et dans un juste usage des institutions sociales. On pourrait dire que l'éthique régule le surgissement de la liberté qui va très vite devoir tenir compte des interdits, des normes et des préceptes. Personnellement, je fais comme le grand public, j'utilise les termes d'éthique et de morale comme synonymes. Je ne partage pas totalement l'opinion de Ricœur, car je ne suis pas sûr qu'il soit opportun de distinguer une liberté qui existerait avant la prise en considération des interdits et des normes. Les anthropologues nous ont appris en effet que l'interdit, notamment celui de l'inceste, est ce qui permet le surgissement même de la liberté. Cela dit, je note avec amusement que lorsque je me présente comme moraliste, on me regarde avec commisération... Si je me qualifie du titre d'éthicien, j'ai tout de suite droit à de la considération !

Pour répondre à votre question, vous percevez qu'aucune société ne vit sans éthos, et que tout groupe social a nécessairement des questions quant à la distance qui peut exister entre d'une part les requêtes éthiques et la morale qui le structurent, et d'autre part les manifestations spontanées de cet éthos qui ne cesse d'évoluer.

— Aujourd'hui un certain nombre de professions réclament des normes éthiques (médecins, juges, journalistes). A quoi correspondent ces attentes nouvelles selon vous ?

— Les questions éthiques surgissent dans une société quand on se demande, devant des situations nouvelles : que doit-on faire ? Cette interrogation apparaît quand nos certitudes spontanées sont ébranlées, c'est-à-dire quand des événements nouveaux viennent bousculer notre éthos et notre façon de faire habituelle. Il y a, me semble-t-il, essentiellement trois façons d'être ébranlé dans ses propres convictions morales. La plus radicale concerne l'expérience du mal. Tout homme y est affronté un jour ou l'autre à l'occasion du chômage, d'un deuil, d'un accident, d'une maladie grave, de l'échec d'un amour. Alors se pose à lui cette question : que dois-je faire pour sortir du malheur ? Et si ce dernier persiste, alors une question plus radicale encore surgit : dois-je continuer à vivre ? C'est la question éthique dans sa racine même ; la vie morale étant, comme nous venons de le dire, le déploiement dans le quotidien de la conviction de foi selon laquelle cela vaut le coup de vivre. En présence du mal, il y a toujours une phase où ce qui paraissait évident : « Il faut se battre pour la vie », devient une question : « Ai-je raison de mener le combat ? » Là, on est conduit à une option radicale : le mutisme désespéré ou bien un nouveau choix moral : « Oui, je vais me battre, bien que le mal existe. » Aujourd'hui, avec le chômage, la crise, les conflits internationaux, on entend souvent la tonalité de ce pessimisme de fond qui questionne le devoir de vivre. L'affrontement au mal est donc la première brèche par laquelle surgit la question éthique. Nous l'occultons souvent par ce que Pascal appelait le « divertissement », renforcé aujourd'hui par la société dite de consommation. Or les gens, en découvrant que la consommation n'est pas le tout de la vie, s'interrogent : la vie vaut-elle la peine d'être vécue ? Peut-être d'ailleurs, est-il possible de voir dans la baisse démographique, un effet de ce questionnement ? Car, pour faire des enfants, il faut avoir confiance dans l'avenir.

— *Quelles sont les autres brèches par lesquelles surgit la question éthique ?*

— L'interrogation peut surgir quand il y a conflit de morales : les autres se comportent autrement que moi. C'est fréquent quand on découvre les comportements différents des autres générations : par exemple, mes enfants ont dans leur vie affective et sexuelle une attitude complètement différente de celle que j'avais à leur âge. Beaucoup ne veulent plus se marier et acceptent l'avortement. D'où la question : est-ce que c'est eux qui ont raison ? et que dois-je faire ? Donc le pluralisme des conduites et des morales va sans cesse questionner nos contemporains, et parmi eux les moralistes. Il est vraisemblable qu'il n'y aura plus de calme éthique avant bien longtemps. Troisième brèche, la plus fréquente : la nouveauté des problèmes. Prenons le cas de l'évolution de la démographie : en quelques années, le monde a doublé de population ; surgit donc la question : comment réguler cette croissance ? La dimension internationale des problèmes économiques pose des questions nouvelles quand on voit qu'une grève à Paris peut être compensée par le travail d'employées d'Indonésie, qui grâce à la télématique pourront par exemple taper beaucoup moins cher des annuaires téléphoniques. Autres questions, celles posées par l'environnement, avec toutes les interrogations sur le pouvoir de l'homme. L'écologie fait entrer la préoccupation du long et du très long terme dans le questionnement éthique. On doit désormais, en raison des déchets nucléaires et des retombées climatiques de la production industrielle, s'interroger sur les cent ans, voire les mille ans qui viennent. Il est question là, non plus de l'avenir de l'individu ou d'un groupe, mais de la survie de toute l'espèce humaine. Les médias posent aussi des problèmes nouveaux quand, pour faire de l'audimat, ils manipulent les consciences et ne respectent pas les personnes. Je pense à une émission sur l'inceste, criante de vérité humaine, mais où l'on voyait des jeunes filles de dix-huit ans témoigner devant des millions de téléspectateurs de leur vie intime. Comment n'a-t-on pas hésité à les jeter en pâture à la curiosité des spectateurs ? Quelles répercussions cette émission aura-t-elle sur leur vie ? Encore une question éthique tout à fait nouvelle. De même réalise-t-on à quel point les médias morcellent les certitudes morales car, en une même soirée, on passe d'une émission sur l'Islam qui présente une éthique très rigide à une séquence très superficielle sur la sexualité, à laquelle succèdent de graves propos sur l'euthanasie. Le téléspectateur se retrouve donc morcelé dans ses évidences éthiques et ne sait plus trop comment s'y prendre pour croître en humanité. Mentionnons aussi, parmi bien d'autres réalités qui mériteraient d'être soulignées, les progrès médicaux qui posent la question de l'origine de la vie et du respect que l'on doit à l'être humain, notamment aux premiers stades de son existence.

— *Mais alors que doit faire l'homme contemporain quand il est confronté à toutes ces interrogations nouvelles ?*

— Normalement les repères moraux s'élaborent par sédimentation de l'expérience des hommes et des femmes qui nous ont précédés. Ceux-ci ont réfléchi sur leurs pratiques et nous ont tracé des voies, en précisant qu'habituellement il n'est pas bon de faire ceci ou cela ; par exemple qu'il n'est pas bon de mentir. Ainsi sont nés les « recueils de sagesse », ou les catalogues de normes morales. Or, nous sommes à une époque où la référence au passé ne fournit plus guère de solutions pour nombre de problèmes existentiels, tant ceux-ci sont neufs. Nous sommes donc conduits à une grande créativité éthique ; d'où la crise profonde que cela provoque, en particulier dans la morale chrétienne. Parce que celle-ci a son critère dernier de vérité dans la fidélité à la volonté du Christ ressuscité, elle se tourne d'abord spontanément vers la Tradition qui lui transmet le témoignage de foi des premiers chrétiens, et finalement de toute l'Église, sur Jésus de Nazareth. Elle y cherche alors une inspiration pour répondre aux questions éthiques d'aujourd'hui. A l'inverse, beaucoup de nos contemporains ont plutôt l'habitude de se tourner vers les données nouvelles du savoir scientifique pour réfléchir aux problèmes de vie, et dévalorisent les sagesses qui, elles, sont issues du passé. D'où l'énorme difficulté qu'éprouve l'Église pour se faire entendre. Cela devrait provoquer les chrétiens à faire un usage neuf de la Tradition, de façon à chercher en elle, moins des réponses toutes faites, qu'une inspiration auprès de la manière intelligente qu'avaient les chrétiens du passé de résoudre les problèmes nouveaux qui se présentaient à eux. Comment ceux-ci mettaient-ils en œuvre, dans la fidélité à Jésus-Christ, leur créativité éthique, et en quoi cela nous questionne-t-il, nous autres, hommes et femmes du XXe et bientôt du XXIe siècle ? Telle est la question à laquelle il faut répondre pour faire un bon usage éthique de la Tradition chrétienne.

2

La conscience, les commandements et la liberté

— Les gens ont souvent l'impression, dès qu'il est question de morale, de se trouver pris dans un filet d'injonctions et d'interdits ne laissant plus aucune place à leurs choix personnels. Comment dans la vie concrète, la conscience parvient-elle à tirer son épingle du jeu, au milieu des impératifs moraux ?

— Rappelons d'abord un principe essentiel de la tradition éthique de l'Église : on doit toujours suivre sa conscience morale, même si elle est erronée. Mais une conscience erronée n'excuse pas systématiquement l'auteur du mal qui a été commis, car il peut être responsable de l'erreur de sa conscience, faute de l'avoir sérieusement éclairée.

C'est un principe très équilibré, si on le garde en sa formulation complète, car il tient les deux bouts de la chaîne : la conscience morale est une instance essentielle de l'agir quotidien, et cependant elle peut être victime d'errements. Aussi le devoir éthique le plus urgent est-il de l'éclairer auprès des exigences de la raison droite, et, si l'on est chrétien, par l'écoute des données de la Révélation.

— *Comment définissez-vous exactement la conscience morale ?*

— La langue française utilise le même mot conscience pour désigner deux réalités distinctes et pourtant en interaction profonde.

La conscience marque d'abord le fait que je suis conscient de moi-même. A la différence d'une pierre qui n'a aucun recul par rapport à elle-même, l'homme sait qu'il pense. C'est la conscience psychologique ou réflexive. Celle-ci peut être très forte à certains moments où j'exerce activement ma lucidité, mais elle s'estompe si je m'assoupis, et elle disparaît presque totalement si je perds connaissance.

— *Qu'est-ce qui différencie la conscience morale de ce sentiment de lucidité sur soi ?*

— Conscience morale et conscience psychologique sont apparentées, car il est indispensable de savoir que l'on pense pour faire des choix moraux.

Mais la conscience morale n'est pas seulement lucidité, elle prescrit. C'est une instance qui me dit : « Deviens plus conforme à ce que tu es : un être humain, "fais ton métier" d'homme ou de femme, c'est-à-dire fais le bien, recherche ce qui humanise, et évite le mal et tout ce qui déconstruit l'humanité en toi. » Autrement dit, l'expression « conscience morale » désigne d'abord le sens éthique fondamental qui habite tout homme sans exception. Moralistes et théologiens utilisent le terme un peu compliqué de « syndérèse » pour désigner cette sorte d'habitus, de réflexe premier qui pousse chaque homme à s'orienter vers le bien et à éviter le mal.

— *Mais quand on voit certains actes de banditisme, on n'a pas l'impression que tous les hommes aient une orientation spontanée vers le bien...*

— Chez tout homme, subsiste toujours une zone de liberté, même si cette dernière paraît réduite. Elle lui permet de s'orienter vers la réalisation de certaines valeurs. En volant, en cassant, en agressant, les délinquants violent des valeurs fondamentales, mais, à bien les observer, on s'aperçoit qu'ils respectent certaines normes internes au groupe qui sont sous-tendues par des valeurs. Par exemple, grâce à un pacte plus ou moins implicite, ils acceptent une loi (ne pas se dénoncer mutuellement à la police) qui assure le vivre ensemble du groupe et se fonde sur la valeur qu'est la confiance en la parole des autres membres de la bande. Subsiste donc une zone de conscience morale non pervertie. Un éducateur spécialisé devra s'appuyer sur cette petite plage de conscience pour l'élargir et la rendre plus sensible à l'universel : « Ce que tu exiges à l'intérieur de la bande doit pouvoir être exigé à l'intérieur de la société tout entière. » On découvre, à travers cet exemple, qu'aucun groupe humain ne peut se passer de ce qui est à la base de la morale : la foi et la loi. Même chez les truands, une certaine loi du milieu structure les échanges internes du groupe. Manque cependant l'exigence éthique fondamentale, bien formulée par Emmanuel Kant : agis de telle façon que la maxime de ton action (ce qui l'inspire en profondeur) puisse devenir une loi universelle, c'est-à-dire une loi valable pour tout homme placé dans les mêmes conditions d'action.

Le tribunal devant lequel doit comparaître tout acte humain est donc celui de l'universalité. Avant d'agir, chacun doit s'interroger : si tous les hommes faisaient ce que je fais, aboutirait-on à la violence généralisée ou bien à la promotion de chaque personne dans ce qu'elle a d'unique ?

— *Mais la conscience morale ne pousse pas seulement à faire le bien et à éviter le mal. Ne doit-elle pas aussi m'aider à discerner et à choisir ?*

— Si, et en particulier quand je suis confronté à des prescriptions contradictoires, peu compatibles entre elles. Par exemple, je suis chef d'entreprise et je dois sauvegarder au maximum la vie de l'entreprise et la capacité de travail des ouvriers. Mais je sais également que si l'entreprise n'est pas rentable, l'outil de travail qu'elle constitue sera lui-même en péril. Je me trouve donc pris dans un conflit de normes éthiques et je dois résoudre un dilemme. C'est la conscience morale qui va le prendre en charge.

— Comment va-t-elle procéder pour débrouiller l'écheveau des exigences contradictoires ?

— Elle va d'abord se référer aux grands principes de l'éthique, comme celui-ci que Kant a formulé et qu'on appelle « impératif catégorique » : « Ne traite jamais l'humanité, en ta personne ou en celle d'autrui, simplement comme un moyen, mais toujours *aussi* comme une fin. »

Ensuite ces grands principes devront être confrontés à des règles concrètes, appelées « normes d'agir » dans le jargon des moralistes. Par exemple, la norme : il peut être moralement légitime, en vue de plus de justice, de faire la grève.

Enfin, troisième élément à prendre en compte, la situation concrète, en ce qu'elle a de singulier. Prenons le cas du militant syndicaliste qui envisage de déclencher une grève. Il devra en son âme et conscience, décider si cette grève-ci, va ou non, en ce moment et dans cette entreprise-là, dans le sens de la justice sociale et du respect des personnes.

— Cette nécessité d'être attentif à la situation concrète n'est pas très souvent rappelée dans les textes magistériels.

— Pourtant saint Thomas d'Aquin fait remarquer que le discernement moral se termine toujours dans le singulier, c'est-à-dire dans ce qui est unique au monde. Par exemple, la médecine est une « science pratique » : le médecin ne soigne pas l'homme avec un grand H mais cet homme-ci, avec ses problèmes particuliers de santé. Et il exercera mal son métier s'il ne prend pas au sérieux ce que le patient a d'unique. La morale est également une « science pratique », car elle débouche toujours sur l'examen d'une situation singulière. Cette grève-ci (et non la grève en soi) est-elle conforme aux exigences de la justice ?

De même le recours de ce couple précis à telle méthode de régulation des naissances est-il réellement en accord avec les exigences de l'amour évangélique ? Le refus de cet homme de porter les armes, dans cette situation singulière, correspond-il à un véritable service de la paix ? etc.

— *Peut-on dire que la morale évolue avec le temps ?*

— Les grands principes sont très stables, mais la hiérarchie des normes concrètes peut évoluer. Ainsi a-t-on pu placer en tête de la hiérarchie des valeurs « Travail, Famille, Patrie », au risque d'un usage idéologique favorisant le fascisme, alors qu'on privilégie aujourd'hui la tolérance, mais avec le danger, cette fois, de la voir déraper vers le laxisme et le relativisme moral.

Les valeurs qui paraissaient fondamentales il y a encore quelques décennies, à savoir le respect de la vie de l'enfant avant et après sa naissance, semblent parfois remises en cause aujourd'hui. Quand l'enfant naît avec une malformation, il arrive qu'on assiste à des infanticides camouflés. Ainsi une valeur si profondément affirmée par le christianisme depuis 2 000 ans, à savoir qu'un innocent a droit au respect absolu de sa vie, passe après des valeurs telles que l'épanouissement du couple et la liberté de la femme. Des valeurs, privilégiées par les uns, ne sont donc pas prises en compte par d'autres.

— *Comment gérer ces contradictions dans une société ?*

— On est obligé d'instaurer un débat « œcuménique » qui ne doit pas être un œcuménisme mou, aboutissant à une tolérance facile. Il faut aller au fond des problèmes et entrer dans une éthique de la discussion bien menée, où chacun essaye d'expliquer, non seulement sa hiérarchie des valeurs, mais aussi le pourquoi de cette hiérarchie. Je crains qu'aujourd'hui on ne se contente bien souvent de compromis trop faciles qui occultent les problèmes de fond.

— *Vous pensez à un problème concret ?*

— Oui, à certains des compromis, parfois subtils, du Comité national d'Éthique concernant la recherche, sous certaines conditions, sur des embryons surnuméraires. Je crains que les solutions déontologiques trop bien huilées n'endorment la conscience des citoyens et qu'elles ne les convoquent pas à un œcuménisme audacieux qui ait le courage de réexplorer les valeurs laissées sur la touche...

— Par quelles démarches, la conscience à laquelle on accorde autant de confiance peut-elle s'égarer ? Je pense en particulier aux criminels de guerre nazis qui organisaient l'élimination massive des déportés sans se poser de problème. Quels mécanismes moraux interviennent dans l'esprit de tous ceux qui assassinent sans scrupules ?

— Les criminels de guerre ont souvent anesthésié leur conscience en s'abritant derrière l'obligation de l'obéissance aux supérieurs. Mais précisément, avant d'obéir, la conscience se doit de discerner si l'ordre donné est conforme aux exigences des droits de l'homme. Si tel n'est pas le cas, le devoir est de désobéir, car rien n'autorise quelqu'un à violer les droits les plus essentiels de la personne.

Nous en reparlerons sans doute quand nous aborderons la question de la loi naturelle, cette loi qui est en quelque sorte au-dessus des lois. Les chrétiens, quant à eux, trouvent dans les Actes des Apôtres un principe d'agir sur lequel ils peuvent s'appuyer pour fonder cette façon de voir : « Il vaut mieux obéir à Dieu qu'aux hommes. » Or obéir à Dieu, c'est d'abord respecter les biens les plus fondamentaux de la personne humaine.

— Mais nous ne sommes pas toujours conscients de nos erreurs ?

— En effet, la conscience morale peut être soumise à deux sortes de conditionnements intenses qui l'égarent, nous apprennent les sciences humaines.

Le premier vient de l'inconscient. Certaines exigences morales sont formulées par le surmoi, cette instance psychique provenant de l'intériorisation des valeurs, plus ou moins bien mises en place par les parents. Ce surmoi, qui surveille, critique et mord (cf. le mot « remords »), peut se révéler tout à fait erroné dans ses exigences.

Ainsi, je peux avoir un surmoi trop sévère, qui, non seulement condamne les excès des pulsions (ce qui est bien) mais condamne aussi la pulsion dans sa source, provoquant ainsi un refoulement intense. Celui-ci se traduira ensuite par des conduites névrotiques ou par une morale hyper-rigide, à la recherche d'une fausse sécurité.

— *Comment le surmoi parvient-il à faire passer pour des exigences morales ce qui est une conduite névrotique ?*

— Le surmoi a des stratégies subtiles. Ainsi lui arrive-t-il d'attribuer à un interdit ce qui est dû à la fragilité humaine. Je pense à cette personne qui avait des difficultés sexuelles dans sa vie de couple en raison, disait-elle, des exigences éthiques du magistère romain, en matière de régulation des naissances. En fait, son surmoi se servait de l'enseignement magistériel pour lui interdire d'avoir des relations sexuelles épanouies avec son mari. Elle en a pris conscience après avoir subi une hystérectomie qui rendait inutile la régulation des naissances. Or ses difficultés sexuelles ont continué et se sont même aggravées. Elle a alors réalisé que ce qu'elle attribuait à l'interdit magistériel était dû, en réalité, à ses peurs. Cet exemple illustre bien les stratégies utilisées par notre inconscient : pour sauvegarder une belle image de nous-mêmes et masquer nos faiblesses, il se camoufle parfois derrière des exigences éthiques.

— *Où se situe l'autre source de conditionnement de la conscience morale ?*

— C'est l'idéologie, comme l'ont souligné les maîtres du soupçon Marx et Nietzsche. L'idéologie est une construction intellectuelle destinée à maintenir en place les pouvoirs d'oppression, en leur donnant une légitimation apparemment morale.

Je pense qu'un certain nombre de nazis ont été victimes de l'idéologie développée par Hitler et ses proches, à tel point qu'en persécutant les juifs, ils pensaient purifier l'humanité. Le même mécanisme a fonctionné, plus ou moins, en ex-Yougoslavie, de façon très grossière.

Mais il existe des idéologies beaucoup plus subtiles. Je pense en particulier aux arguments avancés par le souci de rentabilité économique qui, à partir du diagnostic prénatal, peut suggérer d'éliminer systématiquement les enfants porteurs d'une malformation, sous prétexte que cela représente une charge trop grande pour la société.

La conscience morale doit donc se montrer extrêmement vigilante pour démasquer en elle les fausses exigences de l'inconscient et les préceptes dictés par l'idéologie.

— *Existe-t-il des réalités, autres que l'inconscient et l'idéologie, qui pervertissent la conscience ?*

— Oui, tout d'abord l'habitude que prend la personne de se détourner de ses devoirs moraux. Les chrétiens diraient : la tolérance envers le péché personnel. Quand quelqu'un tolère de plus en plus en lui des irrespects envers lui-même ou autrui, peu à peu son sens moral s'émousse, et cela risque de conduire sa conscience à un véritable laxisme.

Il y a aussi ce que Jean-Paul II a appelé « les structures de péché ». En effet, les multiples irrespects envers l'homme que commettent les individus ne restent pas juxtaposés, mais se combinent entre eux, formant des structures sociales aliénantes pour les personnes, conduisant à ce que les plus fragiles soient le plus écrasés, et donnant à croire que certains maux sont dus à la pure fatalité, alors qu'ils sont produits par la liberté pervertie de l'homme.

— *Comment la conscience joue-t-elle pleinement son rôle chez les gens qui font de l'obéissance à la loi, la norme essentielle de leur vie morale ?*

— Il faut rappeler l'affirmation centrale de Vatican II dans *Gaudium et Spes*, selon laquelle la conscience est le centre le plus secret de l'homme, « sanctuaire » où nous sommes seuls avec Dieu qui fait entendre sa voix. Ce texte, fort important, montre que nul ne peut avoir pleinement accès à la conscience de l'autre, et qu'il y a toujours un élément indéchiffrable dans une décision humaine. On ne peut jamais mettre à plat le mystère de chaque personne.

Mais *Gaudium et Spes* parle aussi de « sanctuaire » : c'est-à-dire d'un lieu que nul n'a le droit de piétiner. Autrement dit, pas question d'exercer une violence sur la conscience d'autrui. On doit au contraire l'approcher avec le plus grand respect. Enfin, le Concile parle de la conscience comme d'un lieu où la voix de Dieu se fait entendre et révèle ses exigences à l'homme.

— *Le chrétien éclaire sa conscience à la fois par la raison et en étant attentif à la voix de Dieu ?*

— Comme les autres hommes, il est tenu de réfléchir avec toutes les ressources de sa rationalité. Mais il sait qu'en la personne de Jésus-Christ, Révélation de Dieu, il dispose d'une lumière unique pour discerner la vérité de l'homme. Aussi va-t-il longuement contempler le Christ, vrai homme et vrai Dieu, pour éclairer sa conscience.

Seulement, Jésus de Nazareth n'est plus visible et palpable aujourd'hui. Sa volonté envers nous se transmet donc par la médiation de l'Écriture qui est, comme disent les théologiens pour bien désigner son statut singulier, la « norme normante » de la foi. Cette Écriture doit être lue dans la grande Tradition de l'Église et en communion avec le magistère (le pape et les évêques) qui a la charge de veiller à l'authenticité de l'interprétation de la Bible. Il arrive précisément que des conflits naissent entre ce que la conscience d'un chrétien lui dicte, suite à son écoute de la Parole de Dieu, et ce que lui prescrit l'enseignement magistériel.

— *L'exemple le plus courant est celui du contrôle des naissances : les enquêtes révèlent que peu de catholiques pratiquants suivent en ce domaine l'enseignement du pape. L'argument invoqué : la méthode d'auto-observation naturelle ne prend pas en compte l'épanouissement du couple. Comment, selon vous, peut se dérouler alors le débat entre la conscience et le magistère ?*

— Si tout catholique doit en dernier ressort suivre sa conscience, il doit d'abord l'avoir éclairée avec soin, notamment par une écoute attentive de l'enseignement magistériel. Seulement celui-ci n'est pas une réalité monolithique. Il faut y distinguer différents niveaux. Ainsi dans l'encyclique *Humanae Vitae*, certaines affirmations ont un degré d'universalité considérable, par exemple l'insistance sur la paternité et la maternité responsables. Et donc tout maniement irresponsable d'une méthode de régulation des naissances (qu'elle soit naturelle ou chimique) est contraire aux exigences de l'éthique.

De même, le texte insiste sur l'amour, l'*agapè* : la décision du couple ne doit pas être animée par le désir égoïste de s'enfermer dans la petite cellule familiale étriquée. Au contraire, la famille doit essayer de s'ouvrir profondément aux autres et aux valeurs de solidarité.

Il existe dans *Humanae Vitae*, un deuxième niveau d'affirmation, celui du jugement éthique porté sur les moyens techniques utilisés pour respecter toutes ces valeurs fondamentales. L'encyclique estime que seules les méthodes d'auto-observation permettent de tenir pleinement compte de l'ouverture du couple à la fécondité. Elles évitent aussi de manipuler le corps par des moyens médicaux non anodins, invitent les conjoints au dialogue et convoquent à une saine ascèse des pulsions sexuelles. *Humanae Vitae* énonce donc la norme morale suivante : ce sont les méthodes d'auto-observation, malgré leurs inconvénients divers, qui respectent le plus grand nombre de valeurs ; c'est pourquoi un couple doit, avec sérieux, chercher à les utiliser pour réguler sa fécondité.

Cependant restent les situations singulières de tels et tels couples. Parfois cette norme semble impossible à suivre raisonnablement parce qu'elle risque d'entraîner des conséquences fort graves. Pensons par exemple à une femme dont le mari alcoolique a tendance à abuser d'elle. Son observance de la visée éthique, doit oser dépasser une application littérale de la norme morale, et prendre acte de l'aspect inhumain qu'impose son mari à sa vie sexuelle. On le devine, l'héroïsme auquel conduit un jour ou l'autre, momentanément, toute vie morale authentique, ne doit cependant jamais conduire à un héroïsme injustifié dû à un mauvais discernement opéré par la conscience. Il est bon de se rappeler à ce propos la parole du Christ : « Mon joug est doux et mon fardeau léger » (Mt 11, 30).

— *Existe-t-il d'autres textes de la Tradition pour faire face aux situations complexes ?*

— Oui, la Tradition contient une série de repères pour gérer les conflits de valeurs ou de normes éthiques. Le premier repère vient d'une bonne compréhension de ce que sont les préceptes moraux. Certains sont très généraux. Par exemple : « Tu dois toujours agir conformément aux exigences de la raison droite. » De tels préceptes sont toujours vrais pour tout homme, en toutes circonstances. Mais il est des préceptes dérivés de ceux-là. Ils sont vrais et droits dans la majorité des cas, mais non pas toujours et dans n'importe quelle circonstance.

— *Pouvez-vous donner un exemple ?*

— Pendant des siècles, la tradition a pris l'exemple du précepte : « Tu dois rendre ce qui t'a été remis en dépôt, si celui qui te l'a confié te le réclame. » Mais, fait remarquer saint Thomas d'Aquin, le cas peut se présenter où celui qui revendique ce qui lui appartient, le fasse dans l'intention de nuire gravement à autrui, par exemple d'ourdir un complot contre le chef d'un État démocratique. Alors, le précepte cesse de s'appliquer ; ce n'est même pas une exception au précepte général ; en fait, dans une telle situation, il n'a plus valeur de précepte. Jacques Maritain, ce très grand thomiste, rappelait à ce propos cette règle d'or : « Si l'application d'un précepte dans certaines conditions en fait quelque chose d'irrationnel, ce précepte ne commande plus, parce que le bien moral se définit par la conformité à la raison ; un précepte qui lui serait contraire n'est plus un précepte. » L'existence quotidienne, vous le pensez bien, apporte parfois des situations de vie, autres que ce cas d'école des thomistes, où tel ou tel précepte particulier n'a plus force de précepte.

— *Mais n'y a-t-il pas des préceptes concrets valables inconditionnellement ?*

— Si, ce sont ceux qui interdisent des actes que la tradition appelle « intrinsèquement mauvais ». Ces actes constituent une telle atteinte aux biens les plus fondamentaux de la personne qu'on doit dire à leur propos : « Jamais ! » Par exemple : « Jamais le viol ! Jamais la torture ! »

— *Y a-t-il encore d'autres repères de la casuistique qui aident à faire face aux situations difficiles que la vie apporte ?*

— Il existe notamment un repère, trop oublié, que l'Église a repris à son compte après l'avoir emprunté à Aristote : l'*épikie*, mot grec signifiant l'équité. Il s'applique d'abord aux lois humaines. Mais un géant de la théologie morale, saint Alphonse de Liguori, affirmait que l'*épikie* pouvait s'appliquer aux préceptes de la loi naturelle.

L'*épikie* prend au sérieux la singularité d'une situation et reconnaît que, parfois, pour mieux observer l'esprit de la loi, il faut en transgresser la lettre ; cela afin de pouvoir sauvegarder des valeurs essentielles.

Donc le recours à l'*épikie* conduit à une décision de conscience qui en raison de la complexité ou du tragique d'une situation singulière, estime que le législateur lui-même aurait reconnu que sa loi ne s'appliquait pas dans ce cas-là.

— *Tout cela est trop peu connu des chrétiens !*

— Oui, et il faudrait ajouter un principe comme celui dit « du double effet », qui permet de solutionner au moins mal des situations douloureuses, parfois tragiques. Ce principe permet d'éclairer les consciences dans les cas — ils sont nombreux — où une action produit simultanément un effet bon et un effet mauvais. Le cas d'école, qui se produit très rarement de nos jours, servant à illustrer cela, est presque toujours celui d'une femme enceinte atteinte d'une pathologie, incurable et à pronostic mortel, de l'utérus. Si l'on veut sauver sa vie (effet bon), il faut faire une ablation de l'utérus, ce qui tue, simultanément et indirectement, le fœtus (effet objectivement mauvais, non recherché pour lui-même). Le principe de casuistique affirme que si le médecin a une intention droite, et s'il juge qu'il y a bien, de fait, un motif proportionnellement grave à la dimension de l'effet mauvais, il peut opérer. On voit dans cet exemple que celui qui décide ne peut se réfugier de façon irresponsable derrière la lettre du principe. Il est obligé d'entrer dans un jugement de proportionnalité des maux, jugement qui a quelque chose d'angoissant, et qu'il faut opérer devant Dieu, et avec sa grâce.

— *Y a-t-il des situations moins exceptionnelles que ce cas d'école ?*

— Oui, car beaucoup de bonnes décisions dans l'ordre économique et politique, ou encore dans celui de la défense nationale, ont, comme l'on dit aujourd'hui, des effets pervers. Par exemple, ce principe a été utilisé par la tradition thomiste pour réfléchir sur la question de la légitime défense, et plus largement, sur celle de la « guerre juste ».

— *Vos propos soulignent finalement que l'on ne peut dissocier la prise en compte de la loi morale et la responsabilité de la personne qui agit.*

— Exactement ! Les meilleures sagesses séculières, et la Tradition de l'Église, estiment que l'obéissance irréfléchie à la loi est contraire à l'éthique. On doit donc toujours choisir une obéissance s'inspirant de la loi, mais qui tienne compte de la singularité des conflits de valeurs, et de la possibilité des personnes d'assumer ou non, ici et maintenant, avec l'aide de Dieu, telle ou telle exigence. C'est l'honneur de la tradition casuistique d'avoir bien fait comprendre cela.

Ce n'est pas à l'heure où la société civile redécouvre l'importance de la casuistique en créant des comités de réflexion sur les sciences biomédicales, sur l'audiovisuel, sur les questions d'informatique et de liberté, que l'Église doit oublier sa propre tradition. Il lui faut, au contraire, l'explorer à nouveau. Ainsi la liberté pourra s'exprimer dans son lien avec la vérité. Elle évitera plusieurs pièges. D'abord celui du laxisme qui déconnecte la liberté de la vérité morale. Ensuite, celui du légalisme qui nivelle tous les préceptes moraux et les applique aveuglément. Enfin, celui du tutiorisme (d'un mot latin signifiant « plus sûr ») qui, devant la moindre perplexité de conscience, se réfugie de façon timorée derrière des règles plus sûres, mais qui ne tiennent pas compte des risques que doit parfois prendre la liberté en vue de respecter l'homme.

— *Malheureusement l'image actuelle de l'Église dans l'opinion est assez négative, surtout dans le domaine de la morale sexuelle. De nombreux médias présentent la position catholique comme une série de « non ».*

— Il est vrai qu'au moment de la sortie d'*Humanae Vitae* en 1968 certains journaux ont titré : « Le pape dit non à la pilule. » C'était un raccourci bien infidèle, car le pape disait également oui à une prudence qui correspond à la recherche des meilleurs itinéraires prenant à la fois en compte normes morales et situations concrètes.

J'aimerais donc que nos évêques rappellent plus souvent, quand ils exposent des normes, l'enseignement de la casuistique dans ce qu'il a de meilleur, et que l'on aide les futurs prêtres ainsi que tous les laïcs, surtout ceux qui ont des responsabilités catéchétiques, à savoir, à l'écoute de cette tradition, bien articuler loi et liberté.

3

Loi naturelle et diversité des cultures

— *L'Église parle souvent de la loi naturelle, mais avec la diversité des cultures et des civilisations, on ne voit guère de loi commune qui s'imposerait « naturellement » à tous les hommes. Que signifie donc cette insistance sur une loi naturelle qui fonderait la morale ?*

— Il n'est guère de concept plus ambigu que celui de « loi naturelle », et pourtant je suis persuadé qu'on ne peut pas en faire totalement l'économie.

Après l'avoir utilisé dans le domaine de la morale sociale, en particulier dans l'encyclique *Rerum Novarum* (1891) sur la condition sociale des ouvriers, l'Église a peu à peu délaissé ce concept dans les textes à visée sociale. Mais la référence explicite à la loi naturelle est par contre restée centrale dans les textes magistériels concernant la sexualité, en particulier dans *Donum Vitae* de 1987, texte portant sur les procréations médicalement assistées.

A mon avis, c'est un concept à ne pas utiliser dans des documents s'adressant au grand public, car on est sûr alors d'être mal compris. Pourtant philosophes et théologiens ne peuvent s'en passer.

— *Pourquoi cette méfiance par rapport au grand public ?*

— Parce que le mot « nature » a de multiples significations. Au cours des âges, il a pris des sens fort différents : le concept a été utilisé largement par les stoïciens, par Aristote, puis en milieu chrétien par les Pères de l'Église, et aussi par Thomas d'Aquin qui lui a donné des « lettres de noblesse » dans la tradition ecclésiale.

Le mot « naturel » a la même origine que « *natus* », né. Il désigne donc, en un sens premier, ce qui est inné par rapport à ce qui est artificiel et construit. Un produit est dit naturel quand on veut signifier qu'il n'est pas trafiqué.

On perçoit aujourd'hui, avec l'intérêt pour l'écologie, une prise en compte plus grande de ce qui est inné, non transformé par la technologie. Mais dans notre société où la technique a pénétré tous les secteurs de l'existence, y compris ceux de l'intimité sexuelle, on ne sait plus très bien ce qui est naturel et ce qui ne l'est pas.

Le deuxième sens du mot nature est celui qu'ont développé les existentialistes dans les années 1950 : la nature est alors ce qui s'oppose à la liberté humaine. Le propre de l'homme, disent-ils, est de ne pas être enfermé dans une nature-fatalité, mais d'être une liberté qui se pose. L'homme est son projet.

Enfin, il y a la nature avec le sens philosophique tel qu'employé par Aristote et saint Thomas. Elle correspond alors à l'essence de quelque chose ou de quelqu'un ; c'est la réponse à la question : « Qu'est-ce que c'est ? » Quelle est la nature de cet être qui est devant moi ? La nature du chien n'est pas celle de l'homme. Et qu'est-ce que l'homme ? C'est un animal raisonnable, répond par exemple Aristote.

L'Église va donc jouer sur la pluralité de ces diverses significations du mot nature et, au lieu d'en faire un obstacle au développement de la pensée, elle les utilisera comme tremplin.

— *Quel sens du mot nature l'Église va-t-elle privilégier ?*

— Elle utilise d'abord le terme de nature comme essence d'un être. Elle se bat pour affirmer que, malgré l'extrême diversité des cultures, les êtres humains appartiennent tous à la même humanité et qu'il y a entre un Indien d'Amazonie et un Français de souche quelque chose de commun. Elle est persuadée que nous partageons tous la même nature humaine et se bat ainsi contre l'ostracisme, le racisme et toute forme d'exclusion. Elle refuse absolument les théories qui tendent à affirmer qu'il y a des sous-ethnies et des populations infra-humaines.

Donc, maintenir le concept de nature humaine, malgré la diversité des cultures, c'est prendre au sérieux le fait que tout être humain, quel que soit son degré de développement culturel, a droit au même respect que les autres hommes. Au nom des exigences du respect de la nature humaine, on peut ainsi condamner telle ou telle pratique culturelle ; par exemple l'esclavage.

Notre société prend d'ailleurs progressivement au sérieux cette nature humaine dans la mesure où les droits de l'homme sont de plus en plus reconnus dans le monde, même s'ils sont loin d'être observés. Ces droits s'appuient en effet sur des aspirations profondes de ce qu'est l'être humain en chacun de nous. On pourrait dire, des aspirations profondes de notre nature humaine : par exemple, le droit à la parole, le droit d'actualiser sa fécondité et de ne pas être stérilisé de force par un gouvernement, le droit à l'information, etc.

— *Aujourd'hui on prend donc conscience à la fois de l'extrême diversité des différences culturelles et du fait que les hommes ont en commun beaucoup de choses.*

— Oui, il suffit de voir les manifestations de la nature humaine dans différents domaines. La science est un signe évident de l'universalité du genre humain car son langage peut être aussi bien compris par un Africain, ou un Européen qu'un Asiatique. Et même quand les approches culturelles de la santé diffèrent (par exemple entre la médecine chinoise et la médecine occidentale), leurs pratiques peuvent se rejoindre au niveau de la validation des processus de soins.

Je suis frappé aujourd'hui par un autre élément universel : le commerce. Les cultures les plus diverses sont capables de se mettre d'accord sur les échanges commerciaux. Ce n'est donc pas au moment où l'anthropologie se plaît à souligner des invariants universels propres à tout homme, que l'Église doit laisser tomber le concept de nature humaine. Ainsi, quand elle se bat pour la loi naturelle, elle nous met en garde : « Ne tombez pas dans un relativisme total qui ferait croire qu'on ne peut plus communiquer entre cultures. »

— *Mais quand l'Église se réfère à la loi naturelle pour la régulation des naissances ne prend-elle pas le terme de façon trop restrictive et limitée, comme s'il y avait une nature humaine ne variant ni avec le temps ni avec les cultures ?*

— Il y a souvent une incompréhension sur la question de la régulation des naissances et sur les procréations médicalement assistées, car l'encyclique *Humanae Vitae* utilise le mot nature selon deux acceptions. Parfois le texte parle de la nature comme « essence de l'homme » et n'opère donc pas une réduction de la nature au biologique. L'encyclique précise alors qu'il faut réguler les naissances en tenant compte de la globalité de la personnalité de la femme et de l'homme et de la globalité du couple...

— *Que faut-il mettre sous ce terme de globalité?*

— Dans cette globalité, il y a bien sûr, les données biologiques mais aussi la liberté de l'homme et de la femme, leur personnalité, leurs désirs, etc.

Parfois aussi, *Humanae Vitae* utilise le mot « nature » de façon plus restrictive, désignant alors la seule dimension biologique. En vérité, comme le dit souvent le Magistère, il faut considérer la personne comme une unité à la fois pleinement somatique et pleinement spirituelle. Dès lors la liberté doit prendre acte qu'elle n'est pas toute-puissante. Le croire serait entrer dans l'aliénation. Par exemple, si une femme non ménauposée veut agir comme s'il n'y avait pas en elle un cycle menstruel où intervient un taux d'hormone influençant son désir sexuel et ses fantasmes; si elle déniait ce réel, inné en elle, elle s'égarerait. *Humanae Vitae* a tout à fait raison de rappeler que tout usage de la liberté qui ne prend pas sérieusement en compte ses conditionnements biologiques, psychiques et sociaux conduit à des aliénations. En disant qu'il faut tenir compte de la nature quand on agit librement, elle veut rappeler que nous ne sommes pas tout-puissants par rapport à la création. En cela, elle rejoint d'ailleurs le mouvement écologique affirmant que nous n'avons pas à être les maîtres absolus de notre environnement. Pour l'Église, l'être humain s'égare s'il prétend devenir maître et seigneur de la nature, alors qu'il n'en est que le régulateur.

Enfin, *Humanae Vitae* a recours encore à un autre sens du mot nature — celui-là proprement théologique — qui fait percevoir les réalités du monde comme réalités créées, c'est-à-dire reçues de Dieu. Les inclinations profondes de l'être humain relues par la raison sont alors accueillies comme des appels venant de Dieu, que l'homme doit écouter s'il veut se réaliser pleinement et glorifier son Créateur. La loi naturelle est, selon cette vision, cette loi non écrite qui est inscrite par Dieu au cœur de tout homme, et qui l'oriente vers le bien. Ses exigences peuvent être perçues en dehors de toute connaissance des requêtes explicites de la Révélation chrétienne.

— *Pourquoi l'Église insiste-t-elle sur ce point ? Le message de la Bible ne suffit-il pas ?*

— Son insistance n'est pas due au hasard : en le faisant, elle rappelle que tout homme, de religion non chrétienne ou incroyant, peut trouver en lui-même des ressources pour s'humaniser, même s'il ignore la loi du Christ.

Cela est très important, car prétendre que seuls les croyants peuvent avoir accès à une véritable morale, c'est faire de Dieu un Seigneur pour le moins étrange qui ne permettrait qu'à une petite minorité d'hommes de pouvoir connaître dès ici-bas quelque chose du salut. En disant que tout être humain peut avoir accès aux exigences éthiques inscrites par Dieu dans le cœur de l'homme, l'Église ouvre une possibilité de salut aux incroyants, et d'un salut qui ne soit pas simplement un geste de rattrapage final à l'instant de la mort. Tout homme de bonne volonté peut goûter un salut qui commence dès maintenant et l'aide à structurer sa personnalité.

Le passage évangélique du jugement dernier (Mt 25, 31-46) est significatif à ce sujet. Les hommes de toutes les nations sont présentés au Christ Juge, et celui-ci dit à certains d'entre eux : « Venez les bénis de mon Père, recevez le Royaume donné en héritage. » Et quelle est la raison de cet accueil si favorable ? Non pas le motif de la foi, mais le fait que ces hommes ont suivi les prescriptions de la loi naturelle à la base de l'exigence du vivre ensemble. « J'ai eu faim et tu m'as donné à manger. J'étais étranger et tu m'as accueilli... »

Il s'agit là des besoins les plus radicaux de tout être humain, que chacun peut reconnaître indépendamment de ses croyances. C'est là-dessus, nous dit le texte, que les hommes seront jugés et non sur leur foi. Mais l'étonnement des gens est grand : « Quand t'avons-nous donné à manger ? Quand t'avons-nous accueilli ? » Et le Christ répond : « Chaque fois que vous l'avez fait à l'un de ces petits, c'est à moi que vous l'avez fait. » Ce texte évangélique donne donc un poids considérable à un agir moral purement naturel qui s'appuie sur les requêtes les plus radicales du respect envers l'être humain.

Un autre texte biblique rappelle combien la loi naturelle peut être centrale. Il s'agit de l'épître aux Romains 2, 14-16. Ce passage précise que les païens, ignorant la loi de Moïse, ont pourtant, au fond de leur cœur, une loi qui est comme un équivalent.

Ces affirmations bibliques fondamentales indiquent

des raisons pour lesquelles l'Église catholique se bat pour la reconnaissance de la loi naturelle. Mais le mot nature évoquant aujourd'hui ce qui est originel, non trafiqué, nos contemporains rejettent malencontreusement cette notion en disant que, dans notre monde transformé par la technique, plus rien ne peut être qualifié de « naturel ». Et ils trouvent que l'Église est rétrograde !

— *Reste une question de fond : cette loi naturelle que Dieu inscrit dans le cœur de l'homme, peut se traduire, selon les civilisations, par des comportements diamétralement opposés. Je pense en particulier aux cultures qui admettaient des sacrifices humains ou encore l'excision.*

— Oui, il faut distinguer deux aspects : la loi naturelle avec ses exigences authentiquement formulées, et la connaissance de la loi naturelle. La loi naturelle exige le respect de la vie et de l'intégrité corporelle. En ce sens, par exemple, l'excision est contraire aux exigences du respect envers la femme.

Mais découvrir que la loi naturelle exige le respect de la vie de tout être humain et celui de l'intégrité du corps peut demander des années, voire des siècles. Notre conscience est parfois obscurcie par le péché, c'est-à-dire par l'exploitation de l'homme par l'homme, et par l'idéologie. Ainsi n'a-t-on pas immédiatement reconnu la femme comme un être ayant des droits égaux à ceux des hommes. Il a fallu toute une évolution de la conscience morale pour y parvenir.

D'autre part, il faut situer les pratiques, même choquantes, dans une culture. Par exemple, l'excision fait toujours partie d'un système social complexe.

— *Dans cette perspective, comment situez-vous les sacrifices des enfants faits aux divinités chez les Aztèques ?*

— Au regard des exigences de la loi naturelle, ces pratiques sont condamnables. Mais je suppose que si on analyse la place qu'elles prennent dans la culture des Aztèques, on découvre qu'elles veulent socialement dire quelque chose. Elles ont probablement un rôle pour structurer la société et signifient un certain type de rapport à la transcendance. Ce regard vers le divin, dont elles sont sans doute porteuses, a une dimension positive, mais la façon dont il s'exprime est à bannir radicalement.

Je pense que la prise de conscience des exigences de la loi naturelle progresse très lentement, avec des à-coups et des régressions. Mais elle avance. Ainsi a-t-on mis longtemps à comprendre que l'esclavage devait être banni. L'Église elle-même a d'ailleurs mis beaucoup de temps à réaliser à quel point il était une atteinte à la dignité de l'homme.

Cependant il arrive à la connaissance de la loi naturelle d'opérer des retours en arrière. Aujourd'hui, on clame bien haut qu'il ne faut plus d'esclavage, mais je sens que la tolérance face à l'infanticide des nouveau-nés atteints de malformation, parfois camouflé en avortement thérapeutique très tardif, tend à croître, comme le soulignait un sondage récent. Si cette tendance se confirme, on aura là une très grave régression.

Je crois donc qu'il faut bien distinguer d'une part ce qui est exigé par la loi naturelle authentique et d'autre part la conscience que l'homme a de ces exigences. La conscience collective peut être, elle aussi, perturbée par des erreurs, par l'idéologie et par le péché.

— *Il y a semble-t-il une évolution de la perception de la loi naturelle avec les progrès de la connaissance scientifique.*

— Exactement. Ainsi, au Moyen Age, beaucoup estimaient qu'avoir des relations sexuelles avec son épouse enceinte était contraire aux exigences du droit naturel et constituait un péché mortel, le sperme étant supposé tuer le fœtus. Aujourd'hui on sait qu'il n'en est rien.

— *Vous disiez que, même chez les anthropologues, le concept de nature humaine retrouve une certaine faveur.*

— Certains affirment qu'en raison de la diversité des cultures, on ne peut parler de l'Homme avec un grand H. Mais cette opinion est démentie chaque jour par les progrès de la biologie et de la psychologie. De nombreux chercheurs estiment qu'au-delà de la diversité des cultures, on retrouve des invariants en chaque être humain.

Ainsi un ouvrage récent, *Naître humain*[1], montre les capacités de développement que possèdent tous les bébés quand ils viennent au monde. Chaque culture les exploitera à sa manière, au point même de modifier parfois les zones cérébrales (je crois avoir lu quelque part que la répartition de ces zones ne serait pas tout à fait identique chez les Japonais et chez les Européens). Mais les capacités sont bien là au départ et transcendent les cultures, légitimant l'emploi de l'expression « nature humaine ».

— *Alors que faut-il retenir de l'utilisation de ce terme de nature avec ses multiples significations ?*

— Si j'avais à résumer ma pensée en termes relativement simples, je prendrais plusieurs images.

La première est tirée de la Genèse, quand Dieu dit à l'homme : « Ne soyez pas passifs devant la terre, soumettez-la. » Le grand problème qui se pose devant un tel propos est de connaître l'ampleur du pouvoir que Dieu donne à l'homme sur la création. Trois possibilités peuvent être envisagées.

En premier lieu, l'homme peut être considéré comme un propriétaire qui peut faire ce qu'il veut de sa propriété, y compris la détruire, sans rendre de comptes à personne.

En deuxième lieu, il peut exercer un pouvoir de locataire, ce pouvoir qui autorise à changer les papiers

1. J. Mehler et E. Dupoux, *Naître humain*, Éd. Odile Jacob, 1990.

peints de son appartement mais non pas à déplacer une cloison ! L'homme est alors relativement passif. C'est ce que semble demander une certaine écologie radicale.

Enfin l'homme peut bénéficier d'un pouvoir d'usufruitier : il prend de larges initiatives, mais doit rendre l'essence de la propriété à son propriétaire.

Les théologiens se divisent selon ces trois courants, quant au respect que l'on doit au cosmos et à la nature humaine. Certains sont à l'aise dans la perspective du locataire. Dieu nous a donné un corps, disent-ils, il ne faut en aucun cas toucher à ses modes de fonctionnements naturels, spécialement dans le domaine de la transmission de la vie. D'autres, très rares, estiment que l'homme a un pouvoir extrêmement élargi sur le cosmos et l'être humain, pouvoir pouvant aller jusqu'à remodeler, par exemple, le génome humain. Enfin beaucoup raisonnent selon la perspective de l'usufruitier : Dieu a confié un réel pouvoir à l'homme pour exercer une régulation sur la corporéité et la vie en société. L'homme peut donc modifier ce qu'il a reçu, à condition de sauvegarder l'essence de la personnalité humaine et l'essentiel d'une société construite selon la paix et la justice.

— Les documents de l'Église se situent-ils dans cette perspective ?

— Il est assez curieux de constater que les textes magistériels se situent plutôt du côté du pouvoir d'usufruitier quand ils traitent des questions économiques et sociales, et du côté du pouvoir de locataire dans le domaine des manipulations sur le corps humain.

Mais j'en viens à ma seconde image de la Genèse : Dieu met l'homme dans un jardin pour en être le jardinier. Or un jardinier ne doit pas rester passif. S'il ne fait rien, le jardin devient une forêt vierge chaotique. Dieu a donc chargé l'homme de cultiver le jardin. Autrement dit, nous ne devons pas nous contenter d'observer le foisonnement spontané de l'ordre naturel pour rendre gloire à Dieu.

Mais s'il doit cultiver le jardin, le jardinier sait qu'il ne peut pas faire n'importe quoi, car certaines interventions, agressives, peuvent blesser ou tuer les plantes et les arbres. Il faut donc respecter la nature de l'arbre sinon il périt. Cette image est très belle : nous sommes les jardiniers de nos vies. Dieu nous a confié un jardin, l'environnement, mais aussi notre corps et la société dans laquelle nous vivons. Il faut donc tantôt intervenir vigoureusement, tantôt accompagner simplement la poussée de l'arbre et saisir son dynamisme interne pour le réguler convenablement. D'autres fois, il est nécessaire de tailler, d'émonder et de greffer. Cette image nous montre que l'homme ne doit pas être passif devant la nature. Dieu l'a voulu actif et responsable.

Enfin, dernière remarque : si le jardin est fait pour l'homme, l'un et l'autre sont créés pour Dieu. Et donc l'écoute de la loi naturelle, pour un chrétien, prend en compte à la fois, tous les dynamismes du jardin, ceux du corps, et ceux de la société, et le fait que tout est reçu de Dieu.

— *Quelle conséquence en tirez-vous ?*

— Ce jardin m'a été donné par Dieu, j'ai été moi-même créé par Dieu avec ma liberté. En ce sens, de par la grâce de Dieu, nous sommes les artistes de nos vies. Or l'artiste a une double contrainte : celle du matériau utilisé et l'exigence de faire une œuvre qui soit belle, une œuvre qu'il puisse offrir à celui qu'il aime. Je dirais volontiers que nous sommes les sculpteurs de nos vies. Tout notre génie créatif devra se mettre dans le modelage de ce « matériau » reçu de Dieu afin de faire œuvre belle pour Lui.

4

Action de Dieu et liberté de l'homme

— *Comment se situe, selon vous, la morale chrétienne par rapport à la morale naturelle. La remplace-t-elle ? Est-elle un complément, à côté ?*

— La question fait l'objet d'un débat intense, parfois tumultueux, entre les théologiens. Certains sont partisans d'une éthique autonome et d'autres prônent une éthique de la foi.

Les premiers soutiennent l'autonomie de la pensée morale par rapport à la Révélation de Dieu et pensent que l'éthique chrétienne n'a pas de véritable originalité dans ses préceptes concrets, car, disent-ils, elle n'est rien d'autre que la morale de tout homme qui agit conformément aux exigences de la raison droite. Les seconds estiment au contraire que la foi apporte des préceptes nouveaux que l'on trouve seulement dans le christianisme. Le commandement d'aimer ses ennemis, et certains préceptes formulés dans le sermon sur la montagne sont tout à fait originaux, affirment-ils. Ils ajoutent que l'Évangile, notamment par la Croix de Jésus, « folie pour la sagesse du monde et scandale pour les juifs », donne naissance à des attitudes qui subvertissent la morale humaine et créent ainsi une morale réellement originale.

Ce conflit ancien a été réactivé récemment par des faits sociologiques marquants : les croyants sont de moins en moins nombreux et beaucoup de nos contemporains se réfèrent à une morale que l'on peut qualifier de laïque. Or nombreux sont ceux qui paraissent avoir un comportement éthique assez peu différent de celui des chrétiens. Ce fait conforte les partisans d'une éthique autonome.

Dans le même sens, on peut noter l'énorme influence du philosophe Emmanuel Kant qui a soutenu de façon convaincante qu'il ne fallait pas fonder l'éthique sur autre chose que la liberté raisonnable de l'homme, Dieu n'étant pas véritablement, selon lui, le fondement de la morale. Or le kantisme exerce une forte influence sur la pensée philosophique française. Par exemple dans ses travaux, le Comité national d'Éthique français se réfère sans cesse à l'impératif catégorique : « Agis de façon telle que tu respectes l'humanité en toi-même et en autrui, et que tu ne la traites jamais simplement comme un moyen mais toujours aussi comme une fin. »

— *Alors, selon vous, la morale chrétienne apporte-t-elle quelque chose de réellement original ?*

— Je pense qu'il faut essayer de tenir les deux bouts de la chaîne, même si les thèses paraissent contradictoires. Dans ce but, les théologiens emploient une formule technique en disant que l'autonomie de la morale n'exclut pas la théonomie de l'agir.

Je m'explique : autonomie vient du grec et signifie « qui a sa règle, sa loi, en soi-même ». Être autonome, c'est trouver la règle de son agir dans sa propre liberté. La théonomie signifie trouver la règle dernière de son agir en Dieu.

Or le christianisme affirme qu'il y a une autonomie de la morale humaine séculière et que pourtant, réaliser la volonté de Dieu constitue la règle dernière de l'agir. Autrement dit, la volonté de Dieu va fonder la liberté responsable de l'homme. Et celle-ci fonctionnera dans une certaine autonomie d'analyse de la réalité pour découvrir les meilleurs chemins d'humanisation. Autonomie qui, pour un chrétien, devra sans cesse se confronter aux exigences explicites de la Parole de Dieu, c'est-à-dire à ce que l'on appelle dans le langage des théologiens « la loi révélée ».

— *Que signifie exactement « fonder la liberté responsable de l'homme » ?*

— La vie morale, nous l'avons vu, consiste à tenter de donner sens à son existence malgré le mal qui casse les relations et le goût de vivre.

Autrement dit, la vie morale réside dans la tentative toujours renouvelée de vivre suivant la logique d'une authentique communication. Par exemple, comme nous l'avons exprimé plus haut, une telle logique exige que l'on ne pervertisse pas la vérité. Dire que la morale a une certaine autonomie, c'est reconnaître que le commandement de ne pas mentir n'est pas tombé, tout formulé, du ciel, mais a surgi de l'exigence de communication entre les hommes. Exigence que le chrétien reconnaîtra comme venant de Dieu, comme inscrite par Lui dans le cœur de l'homme. De plus, vouloir communiquer est un choix. Pourquoi donc choisir de communiquer plutôt que de ne pas le faire ? Ce choix, chez un chrétien, s'appuie sur le fait que la vie est orientée par Dieu et s'achève en Lui.

— *Mais l'homme peut choisir de ne pas donner sens à sa vie.*

— Oui, il peut penser que tout se vaut, qu'il n'existe aucune valeur et s'enfoncer dans le nihilisme. Mais il peut aussi fonder la décision de donner sens à sa vie sur la conviction qu'il se sait reçu de Dieu, soutenu dans l'existence et finalisé par lui.

Dire que Dieu commande de ne pas mentir est tout à fait vrai, d'autant plus que ce commandement, probablement emprunté aux sagesses humaines, est repris de façon explicite dans la Bible par les auteurs inspirés, et a donc désormais l'autorité de la loi révélée. Et pourtant Dieu ne commande pas comme l'homme commande. Il commande à partir de la profondeur de notre façon d'être au monde. Il fonde les commandements qui traduisent les passages obligés que l'homme doit emprunter s'il veut donner sens à sa vie en répondant par l'amour à Son Amour. Telle est la pensée du théologien Henri Bouillard, que je partage tout à fait.

Ainsi, donner sens à ma vie par l'amour exige que je me refuse de mentir. Il en est de même pour les commandements : « Tu ne tueras pas, tu ne voleras pas, tu ne commettras pas d'adultère, etc. » Ne pas les observer, c'est remettre du chaos, de l'absurde, dans la vie sociale, c'est empêcher les hommes de communiquer. C'est en définitive aller contre la volonté de Dieu.

En ce sens, l'homme ne trouve pas une morale qui tomberait toute faite du ciel, comme le laisseraient croire les images de Moïse montant sur la montagne pour recevoir les tables de la Loi. Mais l'homme ne crée pas non plus sa morale *ex nihilo*, à partir de rien. Il va formuler les valeurs en se mettant à l'écoute de la création de Dieu. Il va devoir se référer à Dieu, créateur et sauveur du monde. Autonomie ne signifie donc aucunement autarcie orgueilleuse. A ce propos, j'aime bien cette sentence ignatienne à la formulation très paradoxale (qui n'est pas de saint Ignace mais d'un de ses disciples) : « Fie-toi en Dieu comme si le succès des choses ne dépendait que de toi et en rien de Dieu. Alors mets-y tout ton labeur comme si Dieu faisait tout et toi rien. »

— *Comment interpréter ces recommandations qui paraissent contradictoires ?*

— « Fie-toi en Dieu » : c'est la décision fondamentale du chrétien, il se découvre reçu de Dieu et sait aussi que sa vie prend son sens ultime dans un acte de confiance absolue en ce Créateur qui le fait surgir du néant parce qu'il l'aime.

« Comme si le succès des choses ne dépendait que de toi et en rien de Dieu. » Certaines façons de se fier à Dieu peuvent être complètement aliénantes, en particulier quand nous utilisons Dieu pour compenser notre incompétence ou nous donner des solutions toutes faites pour résoudre les problèmes politiques, économiques ou médicaux. Dans ce cas-là, Dieu devient une idole. Au lieu de favoriser la créativité de l'homme, il l'étouffe. Loin de nous aider à nous construire, il nous enferme dans la religiosité. La sentence ne dit donc pas : « Fie-toi en Dieu comme si le succès ne dépendait que de Dieu », mais : « Fie-toi en Dieu comme si le succès ne dépendait que de toi. » Nous ne devons jamais nous abriter derrière Dieu pour justifier notre inaction et notre absence d'initiative.

Par exemple, si je commande les forces de l'ONU en Bosnie, en Somalie, ou ailleurs, et si je suis très croyant, ma foi en Dieu ne doit pas m'empêcher de faire une analyse lucide et subtile des forces en présence afin de discerner par où peut passer le succès de l'action pacifique.

Et la sentence continue : « Alors mets-y tout ton labeur. » Se fier en Dieu comme si le succès de l'action ne dépendait que de moi va déployer en moi une créativité formidable. Cependant cela fait surgir le risque énorme d'idolâtrer mon labeur, mon activité morale et de ne plus reconnaître humblement que je suis reçu de Dieu. D'où la conclusion de la sentence : « Comme si Dieu faisait tout et toi rien. » Ce texte merveilleux présente donc une subtile articulation de l'autonomie humaine et de la théonomie.

— *Cette manière de concevoir la liberté de l'homme en lien avec l'action de Dieu est-elle courante dans la pensée de l'Église ? On ne la retrouve guère dans la foi populaire où l'initiative est totalement laissée à Dieu, l'homme se bornant à demander à Dieu d'agir et d'être efficace à sa place.*

— Saint Thomas explique que la providence divine, non seulement n'abolit pas la coprovidence humaine, mais qu'elle la fait exister. C'est donc Dieu qui veut que l'homme exerce de façon autonome sa créativité éthique. Mais celle-ci devra se déployer en contact le plus étroit possible avec « le dépôt révélé », c'est-à-dire avec les textes par lesquels la Révélation de Dieu nous instruit et nous questionne.

— *La seconde thèse évoquée au début du chapitre insistait sur l'originalité de la morale chrétienne par rapport à une morale laïque. On a bien l'impression, c'est vrai, que l'Évangile apporte un plus dans certains cas. Qu'en est-il exactement ?*

— Il faut se méfier des fausses pistes qui voudraient trouver dans la Bible et l'Évangile un précepte totalement original par rapport aux sagesses humaines. Même la recommandation d'aimer ses ennemis peut sans doute se rencontrer dans les sagesses orientales. En ce sens, je ne pense pas qu'il y ait une originalité de la morale chrétienne. Et je pense, avec le Père Henri Bouillard, « que tout ce qui se commande au nom de Dieu doit pouvoir se justifier du point de vue de l'homme ». Tout ! Par exemple, si je demande, au nom de Dieu, la fidélité conjugale, je dois pouvoir justifier cette fidélité comme passage obligé de la réussite d'un couple, sans faire appel directement à Dieu.

Mais réciproquement, tout ce que je commande au nom de l'autonomie de la morale doit pouvoir montrer sa cohérence avec l'Évangile. Si un chrétien déclare, au nom de l'autonomie de la raison pratique, qu'il peut être moral, dans des situations rares et en s'entourant de précautions très précises, de recourir à la lutte armée pour mettre fin à un pouvoir dictatorial, il devra pouvoir montrer que cette prise de position n'est pas en dissonance par rapport aux exigences de l'Évangile.

Vous le pressentez, après toutes ces réflexions, l'originalité de la morale chrétienne devra être recherchée ailleurs que dans des normes éthiques spécifiques.

— *Et où donc ?*

— Dans la façon dont la Révélation chrétienne transfigure de l'intérieur la manière de vivre la morale humaine. Je crois que la morale chrétienne prend la morale humaine dans sa consistance, son épaisseur, et la traverse de l'intérieur par le Souffle de Dieu qui se donne en Jésus-Christ.

— *Cette transfiguration peut-elle aider particulièrement le chrétien dans sa tâche morale ?*

— Bien sûr ! Cette transfiguration ne va pas être constituée, comme l'imaginent certains, par une espèce d'intention éthérée qui n'aurait pas d'influence concrète sur l'agir quotidien. Elle a un réel pouvoir de renouvellement de l'homme. Elle vient de deux sources : de la *manière* dont Dieu se révèle à l'homme et du *contenu* de cette révélation.

En effet, la forme qu'a prise la Révélation a une importance décisive. Les moralistes ont peut-être trop négligé ce fait dans leurs théorisations concernant l'impact de la foi chrétienne sur la vie morale. Essayons de suggérer à ce propos quelques pistes de recherche.

Dieu ne s'est pas fait connaître à l'homme par des messages en direct, tombés du ciel, un peu à la manière dont un patron dicte une lettre à sa secrétaire. Il s'est manifesté par toute une histoire, celle du peuple d'Israël, histoire qui va culminer en Jésus de Nazareth, Révélation plénière de Dieu sur lui-même. Et cette Révélation est une personne. Or on sait à quel point une personne est un mystère, c'est-à-dire un être dont la profondeur est insondable, et qui ne saurait être enfermé dans un concept. Entrer en relation avec un tel être exige que l'on casse les attitudes conquérantes, et que l'on se mette avec humilité et respect à l'écoute de sa parole.

Autre élément important, cette personne a vécu seulement une trentaine d'années et n'a laissé aucun écrit. Mise à mort après un procès inique, elle n'a vécu que trois ans de façon publique, ce qui est infinitésimal par rapport à l'immensité de l'histoire humaine. Après sa mort, son tombeau a été trouvé vide, et elle n'est apparue, vivante autrement, qu'à quelques-uns de ses disciples. Tout cela est à la fois très humble et très désarçonnant pour une pensée éthique qui se voudrait orgueilleusement sûre d'elle-même.

Tout ce que je sais de Dieu aujourd'hui, je le sais par la médiation de Jésus-Christ, à travers les évangélistes, saint Paul et les auteurs du Nouveau Testament. Autrement dit, et c'est de la plus haute importance pour la vie morale, la façon dont Dieu se révèle m'oblige à me fier d'abord à des hommes fragiles pour pouvoir me fier à Lui. Cela est décisif du point de vue éthique. Si j'avais reçu des ordres écrits directement par Dieu, je pourrais être tenté d'idolâtrer un texte. Là, au contraire, je suis obligé de m'inscrire dans le lignage d'une Église. D'ailleurs il me paraît significatif que le roc sur lequel le Christ fonde son Église, saint Pierre, ait été marqué par la fêlure du reniement. Comme si l'Évangile me faisait comprendre que je dois me fier à des hommes faillibles pour accéder à l'infaillible de Dieu.

— Concrètement, quelles sont les conséquences d'une Révélation divine qui a pris une forme si discrète et si dépendante des hommes ?

— Le chrétien va être obligé de se plonger dans les Écritures qui seront relues en Église, célébrées dans les liturgies et qui le renverront à une éthique vécue dans le quotidien.

C'est une des grandes originalités du catholicisme par rapport au protestantisme qui a tendance à dire : « la Bible, rien que la Bible ». Pour nous, catholiques, la Bible (norme normante) doit être lue en Église. Son interprétation est authentifiée par un magistère, ce dernier étant à l'écoute de la vie des communautés. Et celles-ci doivent être attentives à la sagesse des hommes et des femmes qui les entourent (c'est la loi naturelle). La forme qu'a prise la Révélation oblige donc le chrétien à une sorte de déplacement continu entre Bible, liturgie, Tradition, magistère, expérience des hommes de bonne volonté. Déplacement qui lui évite d'idolâtrer une autorité quelconque, qu'il s'agisse d'un texte ou d'un responsable.

— *La Révélation demande aussi aux chrétiens d'aimer Dieu. Où se situe l'amour véritable et où commence l'idolâtrie ?*

— La forme de la Révélation me fait comprendre que je ne peux pas prétendre aimer Dieu sans aimer simultanément l'homme par lequel Dieu se révèle. Un amour éthéré qui me ferait oublier la justice sociale et ma vie familiale concrète déboucherait sur une impasse. Les véritables lieux de rencontre avec Dieu sont non seulement les célébrations cultuelles, mais aussi et surtout les situations vécues avec les hommes.

— *Souvent les sectes proposent des expériences spirituelles extraordinaires qui arrachent à la banalité et à la médiocrité de la vie quotidienne.*

— Selon le christianisme, l'expérience spirituelle ou, si vous préférez, la rencontre de Dieu, a une structure assez paradoxale. Sous un certain aspect, elle est immédiate, car le Dieu Trinité fait sa demeure en l'homme qui l'aime. Mais sous un autre aspect, elle est toujours médiatisée par une rencontre avec les réalités du monde. C'est en vivant authentiquement l'expérience du monde, que je vis authentiquement l'expérience de Dieu. Si bien que, contrairement à ce que font miroiter les sectes, l'expérience spirituelle a le plus souvent la figure d'une expérience qui n'arrache en rien à la banalité du quotidien.

— *Que la Révélation de Dieu sur lui-même ait eu lieu dans un temps limité du passé marque aussi la vie chrétienne.*

— Certainement, car pratiquer la morale chrétienne c'est simultanément faire de l'histoire. La forme de la Révélation nous oblige à regarder la longue histoire d'Israël, l'histoire de l'Église et à trouver une cohérence entre le présent et le passé dévoilé dans ces histoires qui sont récits des hauts faits de Dieu en faveur du monde. C'est pourquoi la morale chrétienne nous oblige, tout en nous préoccupant de l'avenir, à ne pas vivre comme des amnésiques : nous devons mettre en œuvre le souvenir de la mort et de la résurrection de Jésus, et celui de la sainteté de tous ceux qui nous ont précédés. Mais nous devons aussi nous rappeler les égarements passés de l'Église.

— L'un des risques de la morale n'est-il pas de prétendre faire l'économie du temps, surtout quand on se réfère à l'absolu ?

— Effectivement, en imaginant que Dieu va me dire tout de suite ce que je dois faire ! Or le Dieu que je découvre en Jésus-Christ, m'oblige à m'affronter à une histoire tumultueuse, pas forcément belle : l'histoire d'Israël manifeste à la fois une générosité extraordinaire et d'énormes lâchetés, des péchés d'idolâtrie, des massacres et des pillages. Celle de l'Église est aussi faite d'ombres et de lumières. Autrement dit, la forme de la Révélation me remet devant l'ambiguïté de la liberté elle-même, ce qui me paraît très libérateur pour bien situer la démarche morale.

— Comment arriver à vivre concrètement cette complexité et cette incarnation de la morale ?

— La liturgie peut nous aider à vivre dans la logique de cette façon incarnée dont Dieu se révèle. En effet la liturgie n'est jamais simple parole : elle articule toujours la parole et une série de gestes, de rites et de symboles. En ce sens, elle empêche la morale chrétienne de s'enfermer dans la pure intellectualité des concepts. Elle permet de comprendre que les exigences éthiques se disent également à travers la corporéité et les gestes symboliques. Ainsi, l'eau qui tombe sur le front d'un enfant pour le purifier ; un cierge pascal qui rappelle la Résurrection du Christ. La liturgie permet de ne pas négliger l'exigence du langage symbolique présent en tout homme et qui suggère à quel point notre vie est en lien avec un mystère.

D'autre part, la liturgie a toujours une dimension communautaire : c'est la prière de l'Église tout entière. Elle permet au chrétien de comprendre qu'une morale enfermée dans une sorte d'intimisme avec Dieu serait viciée à la base. Se retrouver en communauté pour exprimer la foi, c'est comprendre, sans qu'il soit nécessaire de se lancer dans de longues explications, que la vie morale, authentiquement chrétienne, est ecclésiale ou qu'elle n'est pas.

Autre fonction de la liturgie, elle nous inscrit dans un lignage, une temporalité, le rite étant un geste se reproduisant de génération en génération. Dans l'eucharistie, le prêtre remémore ce qui s'est vécu lors de la première cène. Participer à une liturgie, c'est faire une cure de temporalité et comprendre que celle-ci est structurante. La liturgie permet donc d'articuler la continuité d'une histoire et la nouveauté du moment présent dans la vie quotidienne.

Enfin, autre rapport à la forme de la Révélation, le côté esthétique de la liturgie. Oserai-je affirmer qu'une liturgie qui n'est pas belle est quelque peu immorale ?

— *Oui, mais la liturgie ne doit pas d'abord être un spectacle pour attirer les touristes.*

— Certes, mais elle peut être belle dans une très grande simplicité. Par exemple une liturgie eucharistique, célébrée dans une maison particulière à l'occasion d'une réunion d'équipe peut être belle dans sa sobriété. L'apport esthétique de la liturgie a son importance car il fait découvrir le lien qui existe entre bonté morale et beauté. D'ailleurs toute la tradition philosophique nous montre la proximité du beau et du bon ; ne dit-on pas de quelqu'un qui s'est bien conduit : « C'est beau ce qu'il a fait » ?

La liturgie, par la beauté qu'elle déploie, nous met devant un au-delà d'elle-même. En présence de la beauté d'une peinture ou d'une symphonie, je suis renvoyé à un au-delà de la couleur et du son, à une sorte de transcendance. La beauté liturgique me fait comprendre deux choses : que Dieu se révèle dans ma chair puisque la beauté m'émeut « jusqu'aux tripes », mais que Dieu est au-delà de ma chair. Ainsi la forme liturgique fait sauvegarder un profond rapport au corps, tout en évitant de s'enliser dans le corps.

Ces quelques réflexions, trop sommaires, sur la *forme* de la Révélation auront fait soupçonner que, même si la morale chrétienne contient des préceptes identiques à ceux de telle ou telle morale laïque, elle opère une transfiguration de la démarche éthique. Cela apparaîtra encore plus quand on examinera le contenu de la Révélation.

5

Le Christ vous rendra libres

— *Nous avons vu ce que la forme de la Révélation chrétienne apporte à la morale, mais qu'en est-il exactement du contenu du message chrétien ? Les révélations de Jésus-Christ sur Dieu donnent-elles à la morale une dimension particulière ?*

— Oui, parce que le contenu de la morale chrétienne est organisé par la logique de la vie trinitaire. En ce sens, la morale chrétienne est proche de la spiritualité. Par une sorte de déviance de la réflexion éthique, on a trop coupé la réflexion morale de la perspective spirituelle. Du coup, la morale est devenue trop souvent une réflexion sur les seules normes, règles et obligations. Par contre, la transformation de l'homme par Jésus-Christ était considérée comme appartenant au domaine de la spiritualité. Il est certes utile de distinguer les deux disciplines, mais cette distinction ne signifie pas séparation, car la morale n'est pas simplement une série de normes prescrivant des devoirs. C'est aussi un ensemble organisé de récits et de figures qui structurent peu à peu les hommes et les femmes pour les faire grandir en humanité. Le contenu de la morale chrétienne est donc proche de celui de la spiritualité qui nous réfère de façon vivifiante aux personnes divines.

En ce sens, la vie trinitaire constitue le cœur de la vie morale chrétienne. C'est là que se situe l'apport le plus original de la Révélation. L'Islam propose à la foi un Dieu monolithiquement un, alors que le christianisme nous met en présence d'un Dieu constitué à la fois d'unité et de différence.

— *En quoi cela distingue-t-il la morale chrétienne d'une simple morale laïque ?*

— En sauvant l'homme, Dieu le rétablit dans sa consistance propre d'homme. Le plus original, c'est que Dieu me prend de l'intérieur pour me transformer, me remodeler et me mener à un état de filiation divine adoptive qui dépasse de loin mes attentes. La résurrection est en effet une transfiguration de la totalité de mon être par-delà la mort. Nous sommes loin de la morale laïque de Jules Ferry.

— *Mais qu'apporte concrètement cette référence aux diverses personnes divines dans notre vie ?*

— Dans la partie la plus centrale de la messe, le prêtre offre l'hostie consacrée et dit : « Par Lui, avec Lui et en Lui, à toi Dieu le Père tout-puissant, dans l'unité du Saint-Esprit, tout honneur et toute gloire. » Cette doxologie, qui termine la grande prière eucharistique, exprime la logique même de la morale : « Par Jésus, avec Jésus, en Jésus », et j'ajouterai « comme Jésus ». Au centre de la morale chrétienne, il y a en effet un « comme Jésus » : « Aimez-vous comme je vous ai aimés. » C'est un repère essentiel que nous donne le Christ. Mais, chose étonnante, ce « comme Jésus » vient après que Jésus a été « comme nous ». Homme comme nous, il peut nous prescrire « aimez comme moi ».

On voit d'emblée le côté non paternaliste de Jésus : ce n'est qu'après avoir été longuement compagnon des hommes, pendant trente ans de vie cachée, qu'il nous dit « aimez comme je vous ai aimés ».

— *Et quelles sont les répercussions éthiques de ce « comme Jésus » ?*

— Cette invitation à faire comme lui est très stimulante car le Christ a une humanité qui, bien évidemment, si j'ose m'exprimer ainsi, « sonne particulièrement juste ». Les saints, les sages comme Gandhi, et d'autres ont de très grandes qualités, mais subsiste toujours en eux une zone moins libérée. Dans la vie de Jésus, rien de tel. Et plus on médite l'Évangile, plus on découvre chez lui une humanité toute simple mais tellement vraie ! Jésus étonne sans faire de tapage, car émane de lui une autorité jaillie de sa vérité intérieure. L'Évangile précise que Jésus parle avec autorité ; et pourtant il dit des choses relativement simples : soyez attentifs aux petits, aux pauvres, soyez libres par rapport aux biens matériels, etc.

Mais le Nouveau Testament révèle autre chose : au contact de cet homme, je fais une cure de liberté. Il est libre par rapport à la loi. Le Christ dit : je ne suis pas venu abolir la loi et en même temps, il me fait comprendre que la loi est faite pour l'homme et non l'homme pour la loi. On le voit aussi transgresser allègrement certaines prescriptions de la loi juive de l'époque, quand il s'agit de guérir un malade, de pardonner à une prostituée ou de rétablir l'homme dans sa dignité. Le Christ manifeste donc une extraordinaire liberté : il n'idolâtre pas la morale, mais la remet sur ses bases justes, de façon à ce que l'homme soit au cœur de cette morale ; l'homme dans ce qu'il a de plus fragile et de plus faible.

Le Christ est libre, également, par rapport aux images que les gens se font de lui. On veut le faire roi, il s'esquive et va longuement prier la nuit pour exprimer son intimité avec le Père. Hérode le convoque et lui demande de faire des prodiges. Il s'y refuse. Au début de sa vie publique, ses proches vont le chercher en croyant qu'il a perdu la tête, et il leur répond : « Ma mère et mes frères sont ceux qui mettent en pratique la Parole de Dieu et non pas d'abord ceux qui prétendent mettre la main sur moi. »

Il est libre, encore, par rapport à ses amis. Quand Pierre lui dit : « Tu ne monteras pas à Jérusalem », il le traite de « Satan » car il fait obstacle à Dieu, ses pensées étant celles des hommes, non celles de Dieu. Il est libre devant Pilate quand, dépassant sa peur de la Passion, il exprime des paroles de vérité, ce qui aura pour effet de le conduire à la croix. Bref, me référer à Jésus, c'est être conduit à une liberté de plus en plus grande vis-à-vis des pouvoirs extérieurs et des pressions intérieures.

Jésus manifeste aussi une réelle liberté par rapport à la sexualité. Il ne fuit pas les femmes, voit des amies très chères comme Marie et Marthe, dialogue avec les prostituées pour leur annoncer la Bonne Nouvelle et piétine les préjugés machistes des apôtres. Oui, décidément, c'est un homme étonnamment libre. En ce sens, le « comme Jésus » est vraiment structurant pour vivre la morale chrétienne.

D'autre part, le Christ est celui qui brise les omnipotences. On se réfère spontanément au Dieu Tout-Puissant, mais avec le Christ on découvre la force d'une faiblesse. La voie utilisée pour sauver le monde suppose toujours un choix de moyens non puissants : ceux qui ne font pas violence, mais respectent la différence de l'autre. Et l'humble faiblesse de Jésus l'amènera à partager la condition des plus exclus, à savoir les condamnés à mort.

On devine combien le « comme Jésus » médité par le chrétien marque beaucoup son être et son agir, sans doute plus que ne le fait la simple réflexion sur l'impératif catégorique.

— *Mais dans le cas de Jésus, il ne s'agit pas seulement d'une imitation extérieure, sinon l'homme serait découragé par un comportement aussi parfait. Le Christ intervient bien pour nous donner un coup de pouce dans notre existence parfois difficile et marquée par l'ambiguïté.*

— Oui, l'originalité de la morale chrétienne vient de ce que le « comme Jésus » est simultanément accompagné du « en Jésus » et du « par Jésus ». Le Christ n'est donc pas simplement un modèle du passé, si admirable soit-il, mais une personne vivante aujourd'hui. Il a traversé l'épreuve de la Passion et de la mort et, ressuscité, il habite en tout homme qui l'aime. Il est donc important de méditer le « par lui et en lui » de la prière eucharistique.

« Par lui » signifie que nous ne sommes pas sauvés par nous-mêmes. C'est le Christ qui nous sauve, qui agit par la puissance de sa résurrection jusque dans la banalité de notre vie quotidienne. Quand Jésus dit qu'il sera « avec nous » jusqu'à la fin des temps, cette parole doit être entendue au sens fort. Cet « avec » transforme nos personnes et nous fait comprendre que la victoire sur les forces de désunion présentes en chacun de nous ne sera pas obtenue par l'homme à la force de ses seuls poignets, mais par l'action de Dieu en nous. Vivre chrétiennement la morale, c'est donc faire mourir une morale à prétention prométhéenne qui chercherait à construire un monde nouveau par la seule force de l'homme.

C'est par Jésus et en Jésus que nous portons du fruit en abondance. Cependant le salut apporté par le Christ n'a rien d'un salut paternaliste. Jésus lui-même a dû expérimenter d'être tiré par le Père hors des puissances de la mort. Bien qu'il fût lui-même sans péché, il a été emporté par le péché du monde jusqu'à être cloué sur une croix, jusqu'à connaître une telle déréliction qu'il a pu crier : « Mon Dieu, mon Dieu, pourquoi m'as-tu abandonné ? » Un tel sauveur sait donc jusqu'où peut aller la détresse de l'homme. Il comprend mieux que quiconque ce que cela veut dire de sentir l'impuissance devant la violence des structures de péché et devant la souffrance. L'impuissance du militant devant l'exploitation éhontée des pauvres en Amérique latine. L'impuissance des personnes atteintes de graves difficultés sexuelles et qui n'arrivent pas à se rééquilibrer. L'impuissance de ceux qui sont confrontés au vertige du néant. Et le Christ, qui a expérimenté cette impuissance de l'homme, a su se tourner vers le Père, et aller jusqu'au bout de l'amour en offrant sa vie pour sauver l'homme de toutes ces forces destructrices et lui ouvrir le chemin de la vraie Vie.

— *Quelles sont les conséquences de cette démarche propre de Dieu pour sauver l'homme ?*

— Être sauvé par le Christ, c'est se rendre disponible à ce mouvement de la foi, de l'espérance et de l'amour, par lequel le Christ m'humanise. Ce n'est en rien un acte plaqué, automatique qui ne respecterait pas les rythmes et les lenteurs de mon évolution. C'est un salut qui ne se contente pas de solutions de surface. Il est, au sens étymologique de ce terme, radical ; c'est-à-dire qu'il me travaille jusqu'aux racines de mon être et me fait découvrir un Dieu autre que celui que je m'étais construit dans l'illusion des premiers mouvements de ma foi.

— *Être sauvé par Dieu n'est donc pas la simple réalisation d'une formalité juridique. C'est un bouleversement complet de l'homme.*

— Oui, et c'est même l'expérience d'un excès. On en prend conscience en regardant le Christ : sa vie se termine par l'excès de la Croix, l'excès de l'amour qui n'a pas renoncé à affronter les angoisses de la passion pour rester solidaire des plus faibles. C'est un événement — un « mystère » comme l'on dit dans la tradition chrétienne — qui dépassera toujours la capacité de compréhension de l'homme : Dieu qui s'est « passionné » pour l'homme. Comme le dit saint Paul, la Croix est scandale pour les juifs et folie pour les païens, et il faut maintenir vivace cet excès de la Croix quand on réfléchit à l'agir moral des chrétiens. Un tel excès nous fera relire autrement l'expérience des personnes confrontées à des souffrances considérables : une future mère apprenant que l'enfant attendu est mal formé ; des parents découvrant que leur fils se drogue ; un peuple écrasé par la guerre…

— *Mais y a-t-il un excès de Dieu uniquement dans la croix du Christ ?*

— Non bien sûr, il y a l'excès par excellence, l'excès de l'Amour vivifiant, qui est celui de la Résurrection.

Je parle d'excès parce que ressusciter n'est pas dans les pouvoirs de l'homme, et surtout parce que l'intimité avec Dieu qui se déploiera pleinement dans la Vie éternelle dépasse les requêtes spontanées de l'homme. Dans l'au-delà, la relation au Père et au Fils, vécue dans l'Esprit, ne cessera pas selon moi d'être creusée, d'être une découverte toujours plus approfondie de ce qu'est la vérité du désir.

— *Vous venez de parler de l'Esprit Saint, quel rôle joue-t-il dans la vie morale du chrétien ?*

— Le propre de l'Esprit est à la fois d'unir et de différencier. Il unit le Père et le Fils mais aussi il est la tierce personne entre le Père et le Fils. Avec le Fils il unit au Père chaque chrétien tout en faisant de lui un être toujours plus autonome. Il relie les chrétiens les uns aux autres, comme le montre l'image du corps mystique de saint Paul (1 Co 12). Pourtant il différencie chaque chrétien, lui donnant des dons et des charismes particuliers. Accepter que l'Esprit vienne en moi c'est accepter d'entrer dans un mouvement d'union et de différenciation, mouvement qui se situe précisément au cœur de toute vie morale authentique.

— *En quel sens exactement ?*

— Deux tentations guettent la vie morale : l'indifférence et l'indifférenciation. L'indifférence : l'autre ne m'intéresse pas, je m'isole dans une conquête orgueilleuse de moi-même. Or, l'Esprit étant force d'union, lutte contre cette indifférence et me pousse à aimer l'autre malgré ses défauts et ses faiblesses. L'indifférenciation : je cherche à absorber l'autre, à le réduire à ce que je suis ; c'est la fusion. Or l'Esprit va m'inviter à reconnaître que l'autre est profondément différent de moi et que je dois l'aimer jusque dans cette différence.

Mais la caractéristique de l'Esprit sur laquelle j'aimerais insister est la liberté. Saint Paul a une formule très forte : « Là où est l'Esprit du Seigneur, là est la liberté » (2 Co 3, 17). L'Esprit, c'est le contraire du conformisme. Pourtant il n'inspire pas non plus l'anarchie. L'Esprit est celui qui donne simultanément une grande liberté et une grande exigence. J'ai rencontré, une fois dans ma vie, un grand spirituel, c'est-à-dire quelqu'un qui vit réellement selon l'Esprit. Au contact d'un tel homme, je me suis rendu compte que l'on fait une expérience de liberté considérable, on se sent libéré de ses attachements obsessionnels à la loi, de ses scrupules par rapport aux normes et aux préceptes. Et simultanément on fait une extraordinaire cure d'exigence évangélique. L'Esprit est donc cette personne divine qui fait faire une expérience paradoxale de liberté exigeante ou d'une exigence libérante.

— *Comment cette double inspiration peut-elle nous toucher ?*

— L'Esprit est à la fois mémoire de Dieu en nous et impulsion pour inventer l'avenir. Le Christ nous dit : « Je vous enverrai l'Esprit Saint et il vous rappellera tout ce que j'ai dit. » L'Esprit n'est donc pas un hors-la-loi. Au contraire, il fait prendre au sérieux la loi du Christ, avec en particulier le sermon sur la montagne qui est comme la charte des exigences chrétiennes dans le domaine de l'éthique. Il nous fait découvrir que la loi est structurante quand on la comprend dans son mouvement de transformation des cœurs.

Mais, s'il est mémoire de la loi du Christ, l'Esprit est celui qui accompagne la recherche inlassable d'une vérité toujours neuve. « Il vous conduira à la vérité tout entière », dit le Christ. « [Avec Lui] vous ferez des œuvres plus grandes encore que les miennes. » Voilà des paroles très fortes ! L'Esprit, c'est celui qui donne, à la suite du Christ, la vertu des audaces.

— *Par exemple ?*

— Je suis chef d'entreprise, confronté à une situation de crise économique grave et j'ai envie de baisser les bras. L'Esprit me donnera le courage de communiquer à l'intérieur de l'entreprise avec toutes les personnes concernées pour chercher et essayer de trouver des solutions neuves. L'Esprit, c'est aussi celui qui rejoint le cœur des blessés de la vie pour leur faire accomplir des pas d'humanité par des chemins inattendus. Celui encore qui peut bousculer les morales trop rigides pour les rendre plus créatives.

D'ailleurs, les *Actes des apôtres* présentent l'Esprit comme surgissant dans le monde et faisant vivre aux apôtres une sorte d'ivresse. Effectivement, quand l'Esprit nous saisit, nous faisons l'expérience d'une joie débordante et d'une paix qui s'installe par-delà la lassitude du moment, nous aidant à voir le monde avec le regard aimant de Dieu.

— *Et qu'apporte le Père dans la vie morale ?*

— Le Père m'amène à retrouver ce qu'il y a de plus essentiel dans mon humanité : ma filiation. Que je le veuille ou non, je suis d'abord fils ou fille. Je ne suis pas mon propre commencement, ma propre origine. Le Père me renvoie donc à la question : que fais-tu de ton être filial ? Comment l'assumes-tu ?

Mais en même temps, me référer au Père, c'est désidolâtrer mes propres parents et ma fonction paternelle ou maternelle quand je suis moi-même père ou mère. Car il n'y a qu'une seule paternité, celle de Dieu, dont toutes les autres tirent leur nom.

La reconnaissance de la paternité de Dieu engendre une force subversive à l'égard de tout pouvoir qui voudrait jouer un rôle de père absolu. A l'égard aussi des parents qui agiraient comme s'ils étaient propriétaires de leur enfant. Reconnaître la paternité de Dieu, c'est également prendre conscience de la gratuité de son amour. Ce Dieu Père, je vais le contempler comme étant ce créateur qui prend le temps du Sabbat pour contempler sa création, en particulier le couple humain, et qui s'exclame : « Décidément, cela est très beau. » Il y a une sorte de luxe et de surabondance dans la paternité divine.

Toutefois, on ne peut en rester à une vision euphorique du monde. Il y a également une force tragique, celle de la violence meurtrière...

— D'où toutes ces questions sur l'existence d'un Père, car la présence du mal ne s'accorde guère avec l'image d'un Dieu bon.

— Oui, et cela nous renvoie à l'image du Père de la parabole du Fils Prodigue, ce Père qui, chaque jour, va au bout du chemin pour voir si son fils revient. Le Père qui semble impuissant devant la liberté pervertie de son fils, le Père attendant une seule chose : qu'enfin cette liberté se convertisse.

Et dans cette parabole, je suis renvoyé à l'excès de compassion qui n'a rien d'une passion envahissante. C'est au contraire une compassion discrète et humble qui éclate de joie quand le fils revient. Mais la fête est ternie par la réaction du deuxième fils, comme si le Père n'arrivait pas à reconstituer la plénitude de la famille. Comme si le Père était démuni devant la liberté humaine. Extraordinaire figure de ce qu'est l'amour qui n'utilise jamais un moyen de puissance pour contraindre l'autre ! Il ne fait que proposer. Dieu propose, l'homme dispose, c'est le paradoxe de l'amour.

— Et que signifie cette image du Père qui évoque l'insouciance des fleurs des champs ?

— C'est une autre image de la paternité, celle du Père qui se préoccupe de l'avenir de ses enfants, et qui permet ainsi à l'homme de vivre avec une certaine insouciance : « Regardez les oiseaux du ciel et les lys des champs... » (Mt 6). Le regard sur la beauté étonnante des lys et des oiseaux me renvoie au fait que le Père sait mieux que moi ce dont j'ai besoin. D'où une sorte de décrispation par rapport à l'avenir puisque je sais que je suis entre les mains d'une personne qui m'aime.

Les grands spirituels comme saint Ignace, saint François de Sales, sainte Thérèse de Lisieux, nous apprennent que l'essentiel n'est pas la réussite de nos vertus, mais plutôt de nous remettre à une voie d'enfance spirituelle, confiante en la paternité de Dieu qui connaît nos besoins et sait de quoi nous sommes pétris.

A ce stade, on voit à quel point la morale chrétienne est mêlée à une démarche spirituelle.

— *Tout ceci vaut pour la morale individuelle, mais cette référence aux personnes de la Trinité peut-elle inspirer de la même manière une doctrine sociale ?*

— Si l'on se réfère à Jésus, on y voit constamment présente la figure de la solidarité avec les plus petits, attitude qui structure la vie sociale. On y perçoit aussi la dénonciation de la richesse qui occulte la vérité humaine. On y voit la Croix qui rappelle que toute institution juridique et politique peut se pervertir à la suite de dysfonctionnements. Tout cela invite la conscience du chrétien à rester lucide sur les éventuelles perversions institutionnelles. Par exemple, au moment où, en Europe, on légifère sur l'accueil des étrangers, c'est un appel pressant à ne pas glisser vers le non-respect du pauvre, et à ne pas glisser vers une morale utilitariste qui est prête à sacrifier une partie de la population pour le bien-être du plus grand nombre.

Regarder la croix, c'est prendre conscience que ce qui est sans naissance, comme dit saint Paul (1 Co 1), c'est justement ce que Dieu a choisi pour confondre les puissants. C'est donc changer son regard pour devenir attentif à la clameur des pauvres plutôt qu'aux discours des puissants.

Vivre selon l'Esprit, c'est acquérir un regard d'une acuité extrême pour discerner les aliénations idéologiques qui réduisent l'homme. C'est aussi avoir la force de contester à bon escient les pouvoirs trop rigides, y compris parfois à l'intérieur même de l'Église.

Être conscient de la paternité divine, c'est démasquer à l'avance tout individu qui prétendrait se faire maître et seigneur de l'univers pour créer un monde nouveau, comme on l'a vu avec le marxisme.

Ces implications socio-économiques de l'Évangile, on les perçoit de façon très intense dans les théologies de la libération. Malgré certains excès, celles-ci visent juste dans la mesure où elles prennent au sérieux la phrase du *Magnificat* : « Il renverse les puissants de leur trône, il élève les humbles. » Il y a donc dans la morale chrétienne une force subversive qui conteste les mauvais pouvoirs en place et les ordres qui se sont édifiés sur l'injustice. Mais cette puissance subversive de l'Évangile ne permet jamais de diaboliser l'adversaire car il rappelle que chacun de nous a des connivences avec les aliénations qu'il dénonce.

6

Discerner au cœur des ambiguïtés

— Nous avons bien vu ce qu'est la morale, reste que nous sommes tous aux prises avec des problèmes concrets à résoudre. Puisque la morale ne consiste pas dans l'application mécanique de solutions toutes faites, comment peut-on apprendre à discerner ce que nous devons faire ?

— Il n'y a pas de lecture magique de la réalité à partir de règles morales qu'on appliquerait aveuglément. Discerner, c'est interpréter. Aussi le travail éthique a-t-il deux buts : en premier lieu évaluer une conduite déjà adoptée par une personne, un groupe ou une nation, afin de voir si cette conduite respecte l'homme et aide à sa promotion ; en second lieu, orienter des choix à venir dans des situations extrêmement complexes, comme celle d'un chef d'État qui se demande s'il doit prendre telle ou telle décision de politique étrangère, voire s'il doit recourir à la force de frappe.

Avant de décider, il est nécessaire d'interpréter la réalité avec tout ce qu'elle a de complexe, d'obscur, et ce qu'elle comporte comme éléments contradictoires. Par exemple, tel choix va-t-il être en accord avec la grande règle de l'éthique : « Respecte ton prochain comme toi-même » ? Va-t-il dans le sens de l'amour évangélique ? Comment se situe-t-il par rapport aux trois interdits dont nous avons parlé : l'interdit de fusionner avec son origine, l'interdit d'assassiner, l'interdit de pervertir la communication par le mensonge.

Il faut donc interpréter, c'est-à-dire s'interroger sur la situation actuelle. Mais cette interprétation peut être parfois difficile à opérer.

— *Que signifie exactement le terme « interpréter » dans le cas de la morale ? S'agit-il d'éclairer les conduites au sens psychanalytique du terme en repérant les motifs plus ou moins inconscients de nos actes ?*

— L'interprétation dont je parle n'exclut pas l'éclairage éventuel par le savoir psychanalytique, mais elle désigne quelque chose de beaucoup plus vaste. En fait, il y a plusieurs approches de la réalité : l'interprétation à partir des sciences humaines, l'interprétation philosophique, et celle qui nous intéresse ici, à savoir l'interprétation théologique qui essaye de comprendre la réalité du point de vue de la foi chrétienne.

Le mode d'approche théologique de la réalité n'est

lui-même pas uniforme. On peut, par exemple, observer des différences entre moralistes catholiques et moralistes protestants. Ces derniers, dans leur grande majorité, commencent spontanément leur réflexion par une recherche biblique. Ainsi devant la question éthique de la vente d'armes par la France à des pays étrangers, ils recherchent dans la Bible des textes qui peuvent évoquer cette question, en tout cas des textes donnant à réfléchir sur la légitimité éthique de la violence armée. Puis dans un temps second, ils éclairent la réalité grâce aux convictions dégagées de la lecture biblique.

Le théologien catholique, lui, ne néglige évidemment pas l'Écriture, norme de la foi, mais il donne une grande place à la consistance propre de la création qui n'est pas, à ses yeux, totalement pervertie par le péché. Son premier réflexe sera donc de mettre en œuvre les raisons scientifique et philosophique afin de comprendre dans sa complexité telle ou telle conduite. Puis dans un second temps d'interroger la Bible, et à un autre titre la Tradition, pour saisir, dans un troisième temps, comment celles-ci viennent jeter des lumières décisives sur la complexité du phénomène qui est objet du discernement.

Par exemple pour l'homosexualité, le moraliste va chercher à analyser, avec tous les instruments rationnels dont il dispose, la complexité de la conduite homosexuelle. Il se référera aux diverses sciences humaines (psychologie, sociologie, histoire des mœurs). Il percevra que l'homosexualité n'est pas une réalité monolithique, mais un phénomène variable, plus complexe qu'on ne l'imagine. Il découvrira aussi qu'il n'y a pas une, mais des homosexualités n'ayant pas la même signification dans toutes les cultures ; même si toutes les formes d'homosexualité ont en commun de mal assumer la plénitude de la différence sexuelle. C'est alors, et alors seulement, qu'avec un grand sens de la complexité, il va opérer une lecture des versets bibliques concernant des conduites homosexuelles ; lecture qui apportera les lumières de la Révélation dans le jugement éthique qu'il portera, en finale, sur cette orientation sexuelle.

En somme, le moraliste, devant n'importe quelle conduite, va essayer de répondre à une question essentielle : « Quel sens, pour l'humanisation et pour l'accueil du Royaume, cette conduite prend-elle ? » Et cette interrogation se subdivise elle-même en trois questions, en raison des trois acceptions du mot « sens ». Le sens désigne d'abord la signification (quel est le sens de telle phrase ?). La première question est donc : « Que veut dire, que signifie, cette conduite individuelle ou collective ? » Le sens désigne ensuite la direction (dans quel sens dois-je aller ?). Aussi la deuxième question est-elle : « Quelle direction objective prend cette conduite ? A quoi conduit-elle l'individu et la société, à court et à long terme ? » Enfin le sens désigne une faculté du corps (les cinq sens), comme si la langue française faisait comprendre qu'on ne peut pas s'interroger sur la signification sans, simultanément, s'interroger sur le corps. Et j'entends le corps ici de façon large : le corps propre de l'individu, bien sûr, mais aussi le corps social et les corps institutionnels. La troisième question du moraliste sera donc : « En quoi le corps personnel et les corps institutionnels sont-ils respectés ou brimés par cette conduite ? »

Associer ces trois questions c'est prendre au sérieux le fait que l'homme, comme disent les philosophes, est un être-de-sens, un corps signifiant, un être social, mais en même temps un être qui a une certaine objectivité, dont les actes laissent des traces palpables dans le champ social. Quelle que soit la signification qu'une personne a voulu donner à sa conduite, cette dernière a des conséquences objectives dont le discernement éthique doit tenir compte, sous peine de s'enfermer dans une morale de la seule intention. Morale qui est aliénante, comme le suggère le proverbe bien connu : « L'enfer est pavé de bonnes intentions. »

— *L'analyse de la signification n'est pas toujours facile, car se mêlent souvent de façon inextricable des motifs conscients et inconscients d'agir. Comment peut-on y voir clair ?*

— Ce qui fait la spécificité de l'être humain par rapport à l'animal, c'est qu'il est un être qui cherche à donner sens à ses conduites. Tout acte humain est donc une façon de dire quelque chose, une manière de déployer des significations. Certaines d'entre elles sont d'ailleurs exprimées de façon tout à fait consciente et volontaire. Ainsi Patricia, la première « mère porteuse » française, proclamait dans les médias qu'elle ceptait de « prêter » son ventre pour une amie. Elle expliquait la signification de sa conduite en précisant qu'elle voulait mettre fin à la détresse de cette femme. Selon ses dires, dont on ne doit pas mettre en doute la sincérité, le sens de son geste était la générosité. Donc pour discerner la signification du geste de Patricia, je dois tenir compte, parmi bien d'autres éléments, de cette intention généreuse. Mais les psychanalystes nous apprennent que le sens d'une conduite est certes en partie conscient, mais qu'il se joue aussi un peu malgré nous. Nos conduites peuvent revêtir des sens cachés que nous ne discernons pas bien.

— *Dans le cas d'une mère porteuse, quelles peuvent être les motivations inconscientes ?*

— Il se peut que telle mère porteuse pose à la fois un acte de générosité au plan conscient et qu'il y ait, au niveau de l'inconscient, une conduite de réparation pour un avortement passé, ou bien un désir d'agression à l'égard de ses parents, ou encore une sollicitation de l'amour de son mari, etc.

Le discernement est difficile en raison de la pluralité des sens simultanés d'une conduite, certains échappant au sujet lui-même. Le moraliste ne doit donc pas être un naïf. S'il est attentif aux significations conscientes, il doit aussi prendre en compte celles, moins évidentes, qui transparaissent à travers les propos du sujet.

D'autre part, le sens d'une conduite ne doit jamais

être perçu de façon purement intimiste. Ainsi l'attitude de Patricia s'inscrit dans une société donnée, celle de la France contemporaine, où l'on assiste à des réactions paradoxales : une grossesse sur cinq ou six se termine par un avortement provoqué et, en même temps, certains couples, supportant très mal la redoutable épreuve de la stérilité, sont prêts à tout pour avoir un enfant.

Du coup on peut se demander quelle est la signification collective de cette requête d'un enfant, et souvent d'un enfant parfait, à tout prix. Quel dysfonctionnement profond manifeste-t-elle quant à notre façon de vivre en société ? Il se peut qu'elle soit le signe d'une incapacité à supporter un minimum de frustration et de souffrance. Ou encore qu'elle soit le symptôme d'une société qui projette dans le domaine de la sexualité et de la parentalité les schémas de la fabrication industrielle : on cherche alors à fabriquer un enfant en tous points conforme à la programmation ; et s'il y a un défaut, on le met au rebut. A partir d'un tel exemple, on perçoit que le moraliste, pour ne pas errer, devra chercher à saisir simultanément les divers sens conscients et préconscients d'une conduite individuelle et ses significations collectives.

— *Ces diverses analyses ne rendent-elles pas très difficile la recherche pour discerner où se situe le bon choix moral ?*

— C'est vrai ; nous nous situons aujourd'hui dans le cadre d'une morale de la complexité. Nous savons qu'il est impossible d'avoir une vision surplombante qui jugerait tout du point de vue de Sirius.

Certes, en faisant ce travail d'interprétation des conduites, certaines significations apparaissent de façon évidente, ou après une réflexion peu compliquée. Mais il en est d'autres qui échappent à l'analyse. Avec un brin d'humour, je dirais que l'avertissement de la SNCF aux passages à niveau : « Attention, un train peut en cacher un autre » est très utile pour les moralistes ! En effet, « un train » de significations et de motivations peut toujours en cacher un autre. Et cela est d'autant plus vrai quand les intentions paraissent limpides. Les sciences de l'homme nous ont appris que les intentions qui se présentent de façon si pure qu'elles évoquent une attitude puriste, doivent être interrogées en raison de leur lien fréquent avec un excès de narcissisme. Je pense qu'un discernement, qui est conscient des ambiguïtés des choix humains, est davantage porteur de vérité.

— *Qu'apporte à l'analyse éthique d'une conduite individuelle ou sociale la considération du mot « sens » compris comme indiquant la direction ?*

— Je vais prendre l'exemple de l'institution du RMI (revenu minimum d'insertion). Dans un premier temps, on peut parler d'une excellente initiative. Elle a pour but de lutter contre l'injustice et de secourir les plus faibles. Mais si l'on se demande quelle direction prend cette décision dans un département comme celui de la Réunion, on découvre qu'à moyen et long terme les effets dominants risquent d'être pervers.

— *En quel sens exactement?*

— En favorisant la passivité et la perception de l'État comme un État providence ; ce qui, à la longue, sera très négatif. Autre exemple : dans les années 70-75, pour faire face à l'injustice que subissaient les mères célibataires, on a modifié l'équilibre juridique du droit de la famille. On s'est alors aperçu que l'on en venait peu à peu à dévaloriser le mariage, beaucoup de jeunes choisissant, selon la formule d'Évelyne Sullerot, de se lier « pour le meilleur et sans le pire ». Cette orientation, généreuse au départ, a finalement engendré des conséquences néfastes. Le discernement moral doit donc tenter d'évaluer les effets pervers plausibles et apprécier s'ils sont plus graves que le bien obtenu par telle ou telle décision.

On voit donc que bien des discernements éthiques conduisent à un jugement de proportionnalité : je juge qu'à court, moyen et long terme, le bien qui résultera de mon choix sera supérieur aux effets négatifs non directement recherchés, mais attachés malgré tout à la décision prise. Il faut donc être spécialement attentif dans l'élaboration du jugement éthique à la dimension sociale des décisions, et se tenir toujours prêt à réévaluer les options prises, au fur et à mesure qu'elles se déploient dans le temps et dans le champ culturel ou politique.

Le moraliste est donc obligé de se projeter dans

le long terme, comme on le voit clairement, par exemple, avec la question de la légitimité morale de la construction de centrales nucléaires. En outre, comme dans un certain nombre de situations, l'évaluation des effets sociaux et à long terme est très difficile, il faut accepter que le discernement éthique aboutisse parfois, jusqu'à ce qu'on y voie plus clair, à des jugements de plausibilité. Cela est particulièrement vrai dans le domaine politique et économique où, en raison de la dimension internationale des problèmes, les choses deviennent d'une extrême complexité.

— *Reste qu'il y a des conduites fondamentalement mauvaises ?*

— Bien évidemment. Dans cette façon de réfléchir qui soupèse les effets humanisants et les conséquences déshumanisantes d'une même conduite, il faut se garder de deux tentations, sous peine de pervertir complètement la tâche morale. La première tentation est de développer une logique sacrificielle, comme on le voit dans l'utilitarisme. On cherche le maximum de biens pour la majorité de la population, mais en sacrifiant le bien d'une minorité. Celle-ci devient alors un pur moyen pour une fin bonne. Or, nous avons dit avec Kant que l'on doit « traiter l'humanité d'autrui, toujours aussi comme une fin, et jamais simplement comme un moyen ». La deuxième tentation est d'oublier qu'une fin bonne ne justifie jamais un moyen moralement mauvais. Or, il existe des actes tellement destructurants de la personne humaine qu'ils sont toujours injustifiables, quelles que soient les circonstances et quelle que soit l'intention de leurs auteurs. On les a déjà signalés plus haut en parlant des « actes intrinsèquement mauvais ». Si une conduite inclut de tels actes, il n'y a plus alors à entrer dans un jugement de proportionnalité entre les effets bons et les effets objectivement mauvais. Cette conduite est nécessairement mauvaise au plan éthique, et doit donc être résolument exclue. Pensons à la torture. Elle est une telle négation de l'homme, que rien ne saurait la justifier.

— *Comment intervient, dans la démarche du moraliste, la troisième signification du mot « sens », désignant alors la relation au corps ?*

— J'ai conscience que cette façon de parler du sens comme évoquant le corps, à propos du sens d'une conduite, n'est pas très rigoureuse au plan philosophique. C'est pour moi plutôt de l'ordre d'un moyen mnémotechnique qui évite d'oublier une chose pourtant évidente, à savoir que nous n'existons pas en dehors de nos corps propres et des corps institutionnels. Or, dans nos sociétés, un tel oubli est plus fréquent qu'on ne le pense. En effet, beaucoup de nos contemporains ont une attitude paradoxale par rapport au corps.

— *Que voulez-vous dire ?*

— Ils clament bien haut l'importance et la dignité du corps, mais en même temps, ils sont prêts à dire, par exemple dans les fécondations *in vitro* avec un donneur externe au couple, que le fait de dissocier la parenté affective et la parenté biologique n'a aucune espèce d'importance. Ou encore, beaucoup veulent que la société prenne en charge la santé de leur corps, mais se refusent à prendre au sérieux les corps institutionnels, au point de refuser l'institution du mariage.

— *Vous vous posez donc systématiquement des questions concernant l'impact des conduites sur les corps individuels et sociaux.*

— Oui, parce que, encore une fois, je pense que l'homme est, entre autres, un « corps-parlant ». Par exemple dans le cas de l'avortement, si je me contente de réfléchir sur l'intention de la femme qui avorte, j'ai un discernement éthique complètement faussé. Il faut d'abord se demander comment cet acte touche sa corporéité et celle de l'être en gestation. Il est nécessaire de se demander aussi comment, en France, plus de 200 000 morts provoquées de fœtus par an modifient peu à peu la façon d'être du « corps » médical.

— *On comprend que le moraliste fasse une démarche sérieuse afin de ne laisser dans l'ombre aucune dimension d'une conduite, mais l'homme de la rue est-il capable de faire un parcours aussi complet ? Peut-il avoir une attitude morale avec un cheminement plus simple ?*

— Il lui est possible de prendre un parcours de ce genre sans effectuer toutes les analyses que fera le spécialiste. Il peut en particulier se poser les trois questions essentielles de la signification, de la direction et de la corporéité.

Par exemple, une femme, dont la vie conjugale est devenue « un enfer », envisage de se séparer de son mari. Elle peut d'abord se demander ce qu'elle cherche à dire, quelle est la signification de son geste, quelle démarche de vraie ou de fausse liberté par rapport à son lien conjugal est-elle en train d'effectuer ?

Elle peut aussi s'interroger sur la direction qu'elle prend. Quelles vont être les conséquences de son acte pour son mari et ses enfants, à court et à long terme ? Comment vont-ils supporter sa décision ?

Elle peut aussi s'interroger sur la corporéité. Sera-t-elle capable de supporter l'absence d'un conjoint ? Et ses enfants ne seront-ils pas déstabilisés ? Et quelles seront les conséquences plausibles de sa conduite sur les institutions ?

L'homme de la rue peut donc se poser des questions essentielles, comme le moraliste. Mais, ce faisant, il ne part pas de rien. Il se réfère à une tradition morale riche de repères, de préceptes positifs, d'interdits très nets. Il pourra donc s'interroger avec des questions simples du genre : « Est-ce que je fais aux autres ce que j'aimerais qu'ils me fassent ? » Il peut aussi se confronter aux interdits du décalogue : « Tu ne voleras pas, tu ne commettras pas d'adultère, etc. », qui posent des repères très clairs. Il peut également s'interroger à partir de la sagesse de sa famille qui lui a donné des règles de vie. Il devra cependant acquérir une liberté intérieure et personnaliser ces normes familiales qui ne sont pas toujours moralement adéquates.

Il sera aussi amené à hiérarchiser les repères qu'on lui a indiqués, afin de résoudre les conflits de valeurs qu'il aura à vivre. Par exemple, je veux divorcer. Or on m'a appris, dès mon enfance, que le divorce est un mal objectif qui perturbe l'équilibre familial et met en question la valeur de la fidélité. Pourtant je dois permettre aux enfants de vivre dans un climat affectif qui ne soit pas celui d'une violence continuelle... L'homme de la rue, comme le moraliste, devra donc classer par ordre d'importance les préceptes reçus. Peut-être sera-t-il amené à conclure que l'équilibre affectif des enfants prime sur la poursuite entêtée d'une vie de couple perturbante en raison de la violence. Peut-être pas.

— *A cette démarche humaine et rationnelle, s'ajoute aussi pour certains une démarche religieuse ?*

— Elle ne s'y ajoute pas au sens strict car elle reprend la démarche purement rationnelle et la resitue dans l'éclairage de la Révélation.

Le chrétien se posera les mêmes questions en partant de ce que Dieu nous a dit par son Fils. Il se référera à l'Écriture pour tenter de répondre à la question : cette conduite est-elle conforme à ce que Jésus voudrait qu'elle fût ? Le « comme Jésus » et le « comme Dieu », avons-nous dit, sont au cœur de la morale chrétienne.

Mais l'Écriture doit être interprétée. On ne peut pas la considérer comme un livre de recettes de vie. Par exemple, en 1942, on ne pouvait pas se contenter du verset biblique : « Tu ne tueras pas », pour évacuer la question de savoir si on allait devoir s'opposer aux nazis par les armes. « Tu ne tueras pas », certes, mais aussi : « Tu ne laisseras pas mourir des millions de juifs dans l'horreur du génocide. »

Il faudra donc chercher dans l'Écriture, par-delà certains repères très fermes qu'elle fournit, ce qu'on pourrait appeler un état d'esprit conforme à celui de l'Esprit Saint. C'est-à-dire, une façon de réfléchir qui consiste à « fouiller le réel » pour dégager des voies d'humanité au cœur de l'ambiguïté des choses.

— *Où trouve-t-on exactement dans la Bible cette recommandation de fouiller le réel?*

— Quand Dieu survient pour sauver le monde, il « fouille » le réel, puisque l'incarnation le plonge au cœur de l'humanité. Un réel qui est loin d'être beau en tous points; et pourtant Jésus assume l'histoire d'Israël, une histoire faite de fidélité mais aussi de trahisons. Et quand Jésus vient, lui, le Prince de la Paix, il déclenche la division dans les familles.

Le chrétien qui se réfère à l'Écriture et cherche à imiter Jésus trouvera l'exemple d'une façon de vivre lui donnant le courage d'assumer l'ambiguïté de la réalité humaine comme le Christ l'a fait. Cela d'autant plus que Jésus n'est pas simplement un modèle, mais l'*Emmanuel*, c'est-à-dire celui qui, ressuscité, est avec lui pour l'aider à aimer comme il a aimé. A cet égard le récit évangélique de Noël est significatif. Il ne nous met pas devant une crèche à la François d'Assise où tout serait beau, simple et harmonieux, mais devant un événement où se vivent aussi bien la paix et la joie que la perversité du pouvoir d'Hérode et l'horreur du massacre des Innocents.

— *On ne trouve donc pas dans l'Écriture un message béatement optimiste sur la manière dont l'homme peut se sauver.*

— Non, mais on en retire le courage de se « salir les mains », comme on dit couramment aujourd'hui. C'est-à-dire qu'on trouve le courage de fuir, non pas la radicalité de la vie morale qui peut conduire à des choix parfois héroïques, mais le purisme qui est la négation même de l'éthique. Par la fréquentation de l'Écriture, on trouve, non pas des prescriptions rigides, mais des interdits qui désignent des impasses, des commandements qui tracent des chemins de vie, et beaucoup de récits, notamment des paraboles, qui sont sources d'inspiration pour inventer sa propre histoire devant et avec Dieu. En effet, une parabole n'invite pas à une application mimétique des personnages qu'elle met en scène. Ainsi, pour suivre la parabole du Bon Samaritain, je n'ai pas à me rendre sur la route qui descend de Jérusalem à Jéricho. Mais cette parabole m'invite à créer, face à la pauvreté d'aujourd'hui, des solutions neuves, en conformité avec ce qu'elle m'indique. Par exemple, que me suggère-t-elle quant à la politique de l'immigration aujourd'hui ?

Mais si certains récits bibliques, comme les paraboles, sont des récits imaginaires, d'autres sont des récits qui rapportent des faits historiques, par exemple la mort de Jésus. Et cette mort doit nous donner beaucoup à méditer. Jésus était parfaitement innocent, mais on l'a outragé jusqu'à lui voler même la forme de sa mort, faussant ainsi aux yeux du peuple le vrai sens qu'elle pouvait prendre. Les biblistes nous apprennent que, condamné pour blasphème, il aurait dû être lapidé. Or la mort sur la croix était le plus souvent réservée aux brigands. C'est un peu comme si, au lieu de faire mourir Jean Moulin à cause de ses faits de résistance, on l'avait fait passer pour un violeur d'enfant de façon à enlever la vraie signification de sa mort. Ainsi, un tel récit historique a un impact très fort dans le domaine de la morale politique. Il est un rappel permanent que les institutions politiques, juridiques, et religieuses peuvent se pervertir jusqu'à exécuter des innocents, en prétextant le bien public. Et dans la Bible, il existe bien d'autres récits qui démasquent le péché du cœur de l'homme et les structures de péché qui alimentent l'exploitation de l'homme par l'homme.

— Si l'on revient à la politique d'immigration, que peut suggérer le recours à la Bible ?

— Si j'examine cette politique à la lumière de la Bible, je n'y trouverai aucune recette. Aucune politique ne sort magiquement de l'Évangile, mais ce dernier m'amène à ne pas me contenter de solutions simplistes, comme celle de la fermeture pure et simple des frontières, qui exclurait tout étranger et augmenterait l'égoïsme de la nation. L'Évangile peut aussi donner le courage d'une parole libre capable de s'opposer, avec des arguments fondés rationnellement, à des contrôles d'identité jouant d'abord sur le faciès ou à des exclusions totalement irrespectueuses de l'étranger, etc.

— *On vient de parler du recours à la Bible dans le discernement moral. Comment concevez-vous le recours à la Tradition de l'Église ?*

— Le chrétien, pour inspirer son discernement, a de fait la longue Tradition des Pères de l'Église, des grands théologiens, des conciles et des multiples documents du magistère. Ce n'est pas toujours facile d'utiliser de façon juste toutes ces données. La Tradition de l'Église est fort variée. Tous les textes qu'elle contient sont loin d'avoir la même autorité théologique, et il existe des règles précises d'interprétation des documents, que les théologiens connaissent, mais sur lesquelles je ne puis m'étendre ici. De plus il ne faut pas confondre la Tradition — « norme normée de la foi », disent les théologiens — avec toutes les réalités qu'a apportées l'histoire de l'Église. Dans cette histoire on trouve, en effet, le meilleur et le pire. Les membres de l'Église sont faillibles et pécheurs, et parfois ils ont erré dans leur réflexion. Par exemple, au moment des conquêtes coloniales.

Le moraliste devra donc faire le tri dans les traditions concrètes entre ce qui est vraiment conforme à la pensée de l'Évangile et de l'authentique Tradition, et ce qui relève de l'idéologie d'une époque. Cependant, même les errements passés peuvent éclairer les situations présentes. Apprendre que l'on s'est interrogé pour savoir si les Indiens d'Amérique étaient vraiment des hommes, peut aider à réfléchir sur la manière dont la conscience est capable de se rendre aveugle.

— Donc la Tradition, malgré certains errements de l'histoire de l'Église, peut aider le moraliste ?

— Comme je le disais dans notre premier entretien, il est important de savoir comment nos prédécesseurs ont pu exercer leur créativité éthique devant les cas nouveaux et difficiles. Pour la première fois dans l'histoire de l'humanité, on peut détruire la planète entière. Pour la première fois, nous nous trouvons avec des milliers d'embryons congelés. Voilà des questions radicales, entièrement nouvelles. Il est instructif de comprendre comment s'y sont pris nos ancêtres, confrontés eux aussi à des problèmes nouveaux, tel le développement du capitalisme et du prêt à intérêt comme ressort de la vie économique. Quels chemins de liberté et d'humanisation ont-ils trouvés ?

Je pense aussi que l'on peut s'inspirer de la doctrine morale des grands moralistes, tel saint Alphonse de

Liguori, qui, au XVIIIe siècle, à travers un système appelé « équiprobabilisme », a tracé des chemins de liberté pour la conscience quand celle-ci est dans la perplexité. Quand une loi morale apparaît douteuse, dit l'équiprobabilisme, et qu'il y a autant de raisons valables qui plaident en faveur de la loi qu'en faveur de la liberté, cette dernière ne doit pas se sentir obligée par la loi. Cette règle me paraît éclairante pour aborder de nombreux problèmes contemporains, devant lesquels la conscience est particulièrement perplexe. Elle indique une façon d'être qui prend au sérieux l'appel de la loi, mais qui ne le survalorise pas. Finalement, c'est toute la Tradition éthique de l'Église qui appelle à une authentique prudence qui est, comme on l'a dit, la vertu des initiatives audacieuses pour faire face au réel.

— *Dans sa démarche de discernement moral, le chrétien est-il plus inspiré en se référant à Dieu ?*

— Quand j'ai fini d'écrire un article sur un sujet moral, je me demande souvent : quelle image de Dieu ai-je privilégiée dans cet article ? En effet, on a toujours la morale correspondant à une certaine image de Dieu. Si je me réfère à un Dieu d'abord législateur, j'aurai une morale trop légaliste. Si j'ai un Dieu aux contours flous comme ceux d'une nuée, je risque d'avoir une morale perverse par manque d'appel à la loi. Il faut donc toujours s'interroger sur l'image de la Trinité que l'on utilise dans le discernement.

Ai-je donné toute sa place au Père, dont je me reçois comme d'une origine première et qui est le but de ma vie ?

Ai-je donné suffisamment de place au Fils de Dieu fait chair en Jésus de Nazareth, qui assume les ambiguïtés et les contradictions du réel pour les évangéliser et les transfigurer ?

Enfin, ai-je donné suffisamment de place à l'Esprit, source d'une authentique autonomie, car « Là où est l'Esprit du Seigneur, là est la liberté » (2 Co 3, 17) ?

(Entretiens terminés le 30 juin 1993.)

Table

2e édition - 6e mille

Achevé d'imprimer le 19 décembre 1993
dans les ateliers de Normandie Roto Impression s.a.
61250 Lonrai
pour le compte des Éditions Desclée de Brouwer
N° d'impression : I3-2555
Dépôt légal : décembre 1993

Imprimé en France